JN239997

資産税専門税理士が実践する

関与先の継続管理術

編著 河合　厚 　税理士法人チェスター・税理士

笹岡宏保 　税理士

ぎょうせい

はしがき

相続税専門の税理士事務所においては，一般の税理士事務所のような"関与先"はいない。相続税の申告の依頼があるお客様のほとんどが，その申告書の作成業務が終了すると，その後お会いすることがない，いわば"一見さん"である。

また，その"一見さん"の大多数が，日ごろ，税理士との接触がない方である。

相続税申告業務では，そのような方々（相続人など）から財産状況を聴き出し，資料を提出いただき，財産一覧，相続税申告書を作成していく。その作成過程において，被相続人と相続人・受遺者との関係性，生前贈与，譲渡や事業承継の状況，また，同族法人との土地・金銭貸借の状況の様子が見えてくる。

例えば，被相続人が生前，法人経営者で，顧問税理士が関与していたと推察されるケースにおいて，相続対策が申し分なく組まれている事例に出会うこともあるが，そのような例は少ない。

一定額の財産がある事例でも，生前贈与，不動産活用，生命保険活用などの相続対策が行われていないと推察される事例の割合は高い。また，その中には，所得税等の税理士が関与していたと想定されるものも多々見受けられる。

相続対策が行われていない要因には，被相続人の家族や財産に対する意向などもあろう。また，相続対策に対する取組みへの抵抗などもあるかも知れない。

ただ，どのような契約（形）であっても，クライアントに相対している税理士においては，今回，本書籍にまとめさせていただいた

関与先の資産税務における継続管理を実践した上で，相続対策としての生前贈与，不動産活用，生命保険活用などに取り組んでいただきたい。

　相続を中心とした贈与，譲渡所得に係る資産税務，又はこれらと複合的につながる事業承継において，所得税，贈与税等を適切に取り扱うためには，その対象となる各制度・特例の適用対象者，適用要件，適用期間，毎年の税制改正内容などに応じた継続管理が必要となってくる。

　本書では，笹岡先生とともに，注意すべき制度・特例における注意すべき点を整理し，かつ，管理表・チェックシートで，その管理ができるよう各種様式を例示している。

　また，巻末に主要な管理表等をダウンロードできる二次元コードを掲載させていただいた。ぜひ，各税理士事務所に応じて加工していただき，活用していただきたい。

　本書により，皆様のクライアントに対する円滑な資産税務の継続管理が可能となり，適正かつ相続税対策を踏まえた効果的な相続税，贈与税及び所得税の申告・納税の担保の一助となれば幸いである。

　令和6年7月

　　　　　　　　　　　　　　　執筆者代表　河合　厚

第 5 章 事業承継税制を適用した場合
〜承継する会社の株価推移管理を
含めて ……………………………………………… 95

凡　例

1　本書におけるカッコ内等の法令・通達等は次のとおり略した。

相続税法……相法

相続税法施行令……相令

相続税法施行規則……相規

相続税法基本通達……相基通

所得税法……所法

所得税法施行令……所令

所得税法施行規則……所規

所得税基本通達……所基通

租税特別措置法……措法

租税特別措置法施行令……措令

租税特別措置法施行規則……措規

租税特別措置法関係通達……措通

2　また、カッコ内等における条文等は次のとおり略した。

（例）相続税法21条の3第1項2号　→　相法21の3①二

第 1 章

資産税務における
継続管理の特徴とポイント

1　資産税は，日ごろ意識しないものの，ある時に急に身近となり，かつ，税負担が大きい，特殊な税目といえる。

2　相続税は，生前贈与，不動産活用，生命保険などを活用した様々な相続対策（含む事業承継対策）により，相続税負担を減少させることが可能となる。

3　相続対策（含む事業承継対策）は，各種税法，民法等を熟知した上で進めていく必要があり，かつ，同一制度であっても適用関係が変更されることが多く，また，生涯にわたる長期的な対策となる。

4　資産税に関する資産移動関係の管理は，資産活用対策，相続対策（含む事業承継対策），税務対策として重要である。

5　継続的な管理が必要となる資産税関係の特例は様々あり，「資産移動管理表」を用いた長期管理が求められている。

6　税理士が資産税務における適正な管理を怠り，クライアントに多大な税負担を強いてしまった場合，損害賠償請求の対象になりかねない。

I は じ め に

　各種の租税の中で相続税，贈与税などの資産税は，日ごろ意識しないものの，ある時に急に身近となり，かつ，税負担が大きい，特殊な税目といえる。

　所得税，法人税，消費税，事業税，住民税などは，日常の経済活動において，その取扱いの違いによる税負担額を意識して，会計処理を進めている。それは，税理士だけではなく，クライアントにおいても同様であろう。

　一般的に，日常の経済活動において相続税を意識することはなく，また，相続税に配慮した会計処理を行うことはほとんどない。それは，自分の一生の中で，相続人として相続税の申告することは稀であることからもいえる[1]。

　相続税は，所得税と同じように超過累進税率構造となっており，かつ，最高適用税率は55%であることから，財産額によっては多額の納税額が発生する。昔から，「三代で財産がなくなる」と言われており，例えば，財産額20億円，家族は配偶者と子一人の場合，祖父からその孫まで三代相続が続くことで，当初財産額の3分の2が相続税となり，三代目の孫には3分の1しか財産が残らないこととなる[2]。

　この場合，生前贈与，不動産活用，生命保険などを活用した様々な相続対策により，相続税負担を減少させることが可能である。よってクライアントの意向・財産状況を踏まえ，相続対策（タックスプランニング）を策定し，早期から実行することが重要となる。

　これらの相続対策は，人の一生及び次世代に及ぶ長期対策である。

また，相続税法のみならず，各種税法，民法などの関連法令を熟知した上で進めていく必要がある。なお，税法は毎年の改正があり，同一制度であっても適用関係が変更されることが多いことにも注意を払う必要がある。

これらのことから，相続対策をクライアント任せにすることはできない。税理士としての相続対策に関連した資産税に関する資産移動関係の管理は，相続対策のみならず，資産活用対策，所得税等の税務対策としても重要な，継続的な管理事項である。

本書には，この大きな税理士の役割として参考になる事項が多々含まれている。

全てのクライアントに関係する事項でもあるので，"これは使える！"という事項があれば，ぜひとも活用していただきたい。

Ⅱ 相続対策

今後20年以上にわたり毎年140万人から170万人近い相続が発生するといわれている[3]。

また，遺産分割の調停は増加傾向にあり，遺産分割調停の8割が遺産総額が5千万円以下など，比較的財産額が多くない相続での争いが増えている[4]。

このような大相続時代及び争族問題に向けては，相続税節税対策，遺産分割対策，納税財源対策などの相続対策が必須となる。さらに，事業を営んでいるクライアントは相続対策として事業承継の問題もある。

相続対策を進めるには，各種税法のみならず，民法，関係法令を

熟知した上で進めていく必要がある。なお，相続対策に活用する資産税の特例には，毎年の税制改正等により，その適用関係が変更されることも多い。また，特例によっては数年前から一生涯その適用状況を管理する必要がある。

1 相続対策の鉄則，財産の意向確認・把握

相続対策の鉄則は２つある。"できるだけ早期から取り組み，かつ，長生きする！"と，"家族仲良く"である。

相続対策計画を策定するに当たっては，"財産に対する意向確認"と，"財産状況等の把握"を行った上，財産を何にどれだけ使うのか，また，残すのかの確認が必要となる（図表１－１参照）。その上で，生前贈与などのタックスプランニング・所有資産構成の見直しを進めていく必要がある。

また，円滑な事業承継を進めるためには，早期に事業承継計画を策定するとともに，同族会社株価の推移に応じ，適時にタックスプランニングの見直しを行う必要がある[5]。

図表１－１　財産の意向確認

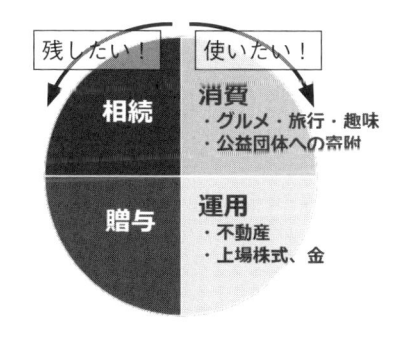

2 所有資産の見直し

　相続対策を進めていく上で所有する資産は，財産分割対策及び納税資金対策としては"現金・預貯金"が最も有効であり，相続税節税対策としては"不動産"が最も有効といえよう。

　なお，"有価証券"はそれぞれの対策に活用でき，かつ，流通性がある。また，"生命保険"は特定の相続人に財産を移転できる点で財産分割対策及び納税資金対策として活用でき，さらに，法定相続人一人当たり500万円の生命保険金は非課税財産として相続税節税対策に活用できる（図表1－2参照）。

　各対策を考慮し，それぞれの資産の特徴に応じたバランスを取った所有資産の構成割合に配慮するとともに，適時の所有資産構成の見直しが必要である。

図表1－2　各資産の相続対策適応性

	財産分割	納税資金	相続税節税	流通性	景気変動リスク
現金・預貯金	◎	◎	×	◎	◎
有価証券	○	○	△	○	×
不動産	△	×	◎	△	△(×)
生命保険	○	○	○ (限度額有)	×	○

Ⅲ 資産移動管理表（カルテ）の作成

　クライアントの資産額は常に増減し，また，資産額の増減や景気変動に応じて資産構成割合も変動する。さらには，タックスプランニングを策定し，その計画に沿って次世代への生前贈与など資産引継ぎを行っていても，税制改正による適用関係の改正により，その見直しを行う必要が生じる。

　おって，クライアントの資産活用の意向も変わるものである。

　これらのことから，税理士としては，相続対策いかんに関わらず，クライアントが資産の譲渡を行った場合，また，贈与・受贈・相続財産を取得した場合には，12頁に掲げるクライアントごとの「資産移動管理表」の作成及び継続的な管理を行い，適時に見直し，さらには，「資産移動管理表」に基づく助言をすることが望ましい。

　この「資産移動管理表」は，いわば，街のかかりつけ医などにおける患者の発病，治療状況，健康診断の状況等を記録し，身体の異変の際の的確な診断に役立たせるカルテと同様といえよう。

1 「資産移動管理表」の作成目的

　「資産移動管理表」（図表1　3）は，⑴資産活用対策，⑵相続対策（含む事業承継対策），⑶税務対策として作成する。

⑴　資産活用対策

　クライアントの職業，年齢，財産への意向などによって，保有資産をどのように活用するのかが異なってくる。個人事業や小規模な

法人事業においては，事業上の資金と家事上の資金との混同が見受けられる。また，クライアントによっては，資産活用においても，事業と家事との明確な区分なく資産活用していることもありうる。

特に，多額の資産移動を行った場合には，対税務署対策としても，「資産移動管理表」により継続的な管理を行っておきたい。

(2) 相 続 対 策 （含む事業承継対策）

人は誰しも自分の死のことは考えたくないところがある。相続税の申告から，過半数の被相続人が相続対策を行わずに相続が発生していることが分かる。日頃，家族思いの人でも，相続対策を行わずに死を迎えることが多いものと考えられる。

生前贈与による相続対策はまだ必要でない年齢であっても，資産の譲渡，贈与・受贈，相続人としての相続など，ちょっと注意して対応することで，"財産分割対策"，"納税資金対策"，"相続税節税対策"につながる。

そのためには，相続対策や事業承継対策に向けたタックスプランニング及び事業承継計画を策定するとともに，資産の譲渡，贈与・受贈・相続などの管理が必要となる。

(3) 税 務 対 策

資産税関係の特例には，相続時精算課税制度のように一度選択するとその贈与者からの贈与に一生涯関係するもの，相続，贈与，譲渡所得の交換・買換特例のように，取得日及び取得価額を引き継ぐもの，相続財産を譲渡した際の取得費加算など10年間影響が及ぶも

の，暦年贈与に係る生前贈与加算のように7年ないし3年影響が及ぶもの，小規模宅地等の特例，事業承継税制のように特例を適用するための管理が必要なものなど，税務対策として，特例等に関する継続的な管理が必要となる（第2章～第6章参照）。

　なお，税務署では，ある者に係る相続税，贈与税，譲渡所得税の申告状況，登記情報，税務署が自ら収集した各種金融資産の保有状況，いわゆるタレコミ・内部通報などの探聞情報は，長期にわたって保存されていると想定しておくべきである。これらの情報は，相続が発生した際の相続税等の申告状況と照合し，調査対象者の選定及び実地調査の際に活用しているものと推測される。税務調査の対象とならないよう，また，税務調査対象となっても適切な対応ができるよう，その対策が必要となる。

　これら税務対策は，クライアントから税理士に対する損害賠償請求の未然防止対策にもなる。

2 「資産移動管理表」の記載内容

　「資産移動管理表」には，上記 **1** の作成目的を踏まえ，次の事項を記載（記録）したい。

(1)　基 本 情 報

　①　関与先の情報

　本人の情報のみならず，家族及び将来相続を受ける可能性のある直系尊属・卑属の情報も確認し，記録する。

　②　保有資産の情報

　"現金・預貯金"，"有価証券"，"不動産"，"生命保険"など，各種資

産の保有状況（特定日現在の残高・評価額，それぞれの構成割合）を確認する。

　なお，不動産は，**遺産分割の際に使用する時価（市場流通価額）**及び**相続税や贈与税の申告時に使用する時価（路線価，固定資産税評価額などの財産評価基本通達による評価額，マンション通達**[6]**評価額）**の双方の時価（評価額）を確認する。

　また，有価証券や不動産は，同一内容の資産であってもその評価額は変動することから，毎年度末など適切な時期における見直しを行う。

(2)　資産の活用・相続対策の確認

　①　資産活用に対する関与先の意図（思い）

　資産の消費・運用・贈与・相続に関し，明確な意図（思い）を記載する。

　なお，明確な意図の表示がないクライアントは，日頃の会話や家族からの情報を，その旨を併せて記載する。

　②　タックスプランニング

　上記(1)及び上記(2)①からする資産売却を含めた相続対策としての資産構成の見直し，生前贈与などのタックスプランニングの策定，実行，検証の状況を記載する。

　また，事業承継の策定，事業承継税制の適用計画及び同族会社株価の推移に応じて事業承継を見直す場合はその旨を記載する[7]。

(3) 資産の移動状況

① 資産の取得（相続，贈与，購入）

② 資産の売却等（贈与，売却）

　資産の移動状況は，不動産，有価証券，保険の購入（加入），預貯金の大口入出金（例えば50万円以上）だけではなく，贈与，受贈，相続による財産の取得などについて記載する。

　なお，それらに係る所得税，相続税，贈与税の申告状況についても，特例を使用した場合はその適用条文とともに記載する（相続が発生し遺産分割が未了の場合はその旨を記載する[8]。）。

　また，同族法人と土地・金銭の貸借・売買をした場合，事業承継の実行，事業承継税制の適用状況について記載する[9]。

　さらに，資産の移動はなくとも，相続対策として，例えば，小規模宅地等の特例の要件を満たすために，「子の居宅購入を見送らせ，引き続き，賃貸住宅への居住を促した。」などの事項についても記載しておきたい。

(4) 「資産移動管理表」の記載（記録）活用時期

　「資産移動管理表」は，資産移動を把握した都度，また，確定申告期前など定期的に作成管理する。

　また，相続対策及び事業承継対策としてタックスプランニングを策定・実行・見直しをする際にも活用する。

　さらには，クライアントが税理士顧問を変更する場合，相続税など特定税目のみ他の税理士に依頼する場合などには，クライアントの承諾を得た上で，“基本情報”，“資産の活用・相続対策”，“資産の

移動状況"を新顧問及び特定税目担当税理士に引き継ぐことで，クライアントに適した会計処理，相続税申告などが期待できる。

図表1−3　資産移動管理表

資産移動管理表

顧客番号				作成年月日	・・
				更新年月日	・・

基本情報Ⅰ	氏　名		生年月日	・・
	住　所			
	配偶者		生年月日	・・
	子・孫等(氏名、生年月日)	・・　　　・・　　　・・　　　・・		

基本情報Ⅱ（財産状況）	現金・預貯金	○○銀行△△支点 普通・定期　　　円、○○銀行△△支点 普通・定期　　　円
		○○銀行△△支点 普通・定期　　　円、○○銀行△△支点 普通・定期　　　円
		手許現金　　　円 、 計　　　円① 構成割合　　　%(①/⑤)
	有価証券	○○証券△△支店 一般・特定・NISA 銘柄　　　　　、　　　　円
		○○証券△△支店 一般・特定・NISA 銘柄　　　　　、　　　　円
		計　　　円② 構成割合　　　%(②/⑤)
	不動産	土地・建物・(　　　)○○市△△町x-x　㎡持分x/x 評価額　　　円 流通価額　　　円
		土地・建物・(　　　)○○市△△町x-x　㎡持分x/x 評価額　　　円 流通価額　　　円
		計(評価額)　　　円、(流通価額)　　　円③ 構成割合　　　%(③/⑤)
	生命保険	死亡・養老・(　　　)契約者　支払者　被保険者　受取人　保険金　　　円
		死亡・養老・(　　　)契約者　支払者　被保険者　受取人　保険金　　　円
		計④ 構成割合　　　%(④/⑤)
	合　計	円⑤

基本情報Ⅲ	資産に対する意図(思い)	使用(x割)・活用(x割)・贈与(x割)・相続(x割)
	タックスプランニング	

資産移動状況	年月日	取得・売却等	資産の種類	金額	相手先	特例適用条文	備　考
	・・			円			
	・・						
	・・						
	・・						
	・・						

Ⅳ 継続的な管理が必要となる 主な相続税対策となる特例等

1 生前贈与等

⑴ 生前贈与

　生前贈与は，相続対策の"財産分割対策"，"納税資金対策"，"相続税節税対策"の全ての対策に効果的である。生前贈与を上手に進めることが，円滑な相続につながる。

　なお，"相続税節税対策"としての生前贈与を進めていく上では，次表（図表1−4及び図表1−5）のとおり，現有財産の額，贈与年数によって，暦年課税贈与と相続時精算課税贈与を使い分ける必要がある。

　例えば，推定相続人が子2人で現有財産が1億円の場合は，110万円の相続時精算課税制度による贈与が有利となり，現有財産が増えると，相続時精算課税制度による贈与より暦年課税制度による贈与が有利となる（図表1−4の各列★印の贈与が一番有利であることを示している。）。なお，暦年課税制度による贈与では，現有財産が大きいほど，贈与額を大きくすることで，より大きな節税効果を得ることが可能となる。また，どのケースにおいても，10年間かけた贈与より20年間かけた贈与のほうが有利である。ただし，現有財産に比較し，多額の贈与を行うと，納税額が増える場合もあるので注意が必要である❿。

　相続時精算課税制度は，一度，同制度を選択すると，以後の同一の贈与者からの贈与は全て相続時精算課税贈与となり，その贈与者が亡くなると基礎控除額を上回る相続時精算課税贈与の額を相続財

産に加算することとなる。

　その際，相続時精算課税制度を選択していたことを失念してしまうケースが散見される。そのため，申告書等閲覧サービスや個人情報開示請求によって，その内容を確認することが望まれる。

　なお，東京国税局では令和5年5月より行政指導の一環として，相続税の申告案内の対象となった被相続人から相続時精算課税制度に係る贈与を受けた受贈者に対し，「相続時精算課税制度適用者に対するお知らせ」を試行的に送付し，贈与財産の相続財産への加算漏れの防止を図っている。ただし，相続税の申告案内の対象になっていない場合や，受贈者が東京国税局の管轄外に居住している場合などには，同お知らせが送付されないので，お知らせが届かないからといって相続時精算課税制度を選択していないこととはならないので注意を要する。

図表1－4　規模別年数別生前贈与額シミュレーション

◇子2人の場合（基礎控除額4,200万円）　　　　　　　　　　（単位：万円）

		子1人当たり贈与金額	現有資産の状況			
			1億円	2億円	3億円	5億円
		対策なし相続税額	770	3,340	6,920	15,210
10年間贈与	精算	110	★330	660	880	990
	暦年	500	174	639	949	1,104
		600	120	★702	1,072	1,257
		1,000		553	★1,348	1,668
		1,500			755	★1,734
20年間贈与	精算	110	★630	1,320	1,760	1,980
	暦年	300	405	1,666	2,456	2,956
		400	298	★1,774	2,859	3,619
		500	210	★1,774	3,249	4,269
		600	120	1,562	★3,522	4,802
		1,000		553	2,363	★6,098

｝納付すべき相続税額

｝節税額，★印が最も節税できる（精算・暦年）贈与額，網掛けは，贈与年の途中で贈与を打ち切る必要がある贈与額を示す。

【例】子2人で資産3億円の場合、子1人当たり600万円を20年間計2億4千万円を贈与し、相続が開始すると税負担額を3,522万円節税することができる。

図表1－5「暦年贈与」と「相続時精算課税贈与」の使い分け

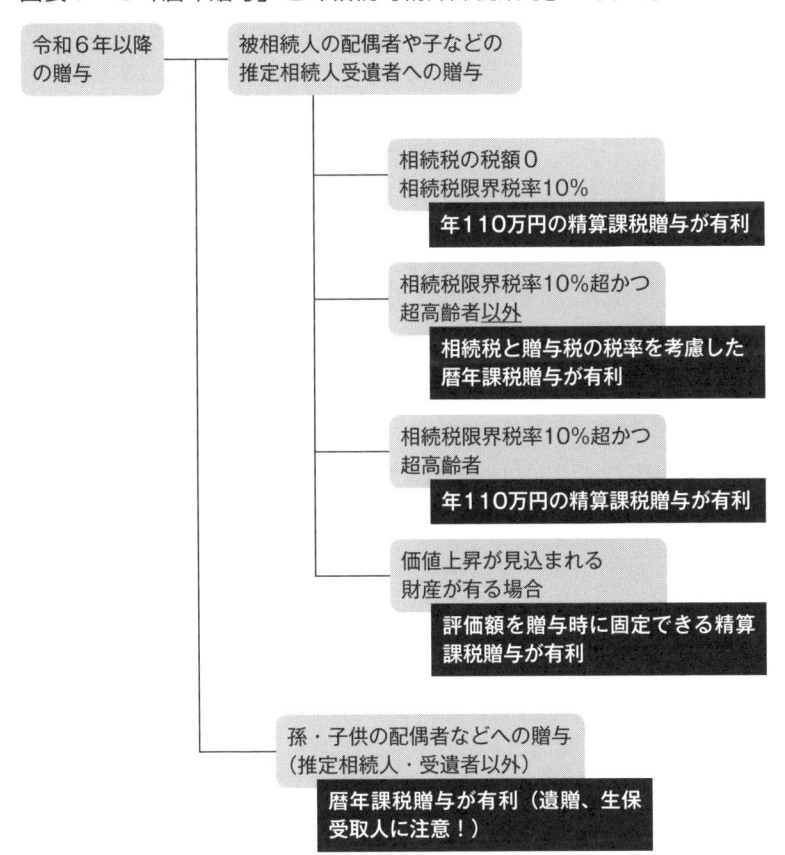

（注）「超高齢者」とは，近い将来（今後7年以内）に亡くなり，相続開始となる可能性のある人をいう。

(2) 贈与税の非課税制度の活用

　贈与税の非課税制度には，① 扶養義務者相互間における生活費等贈与（相法21の3①二），② 直系尊属から教育資金の一括贈与を受けた場合の贈与税の非課税制度（措法70の2の2），③ 直系尊属から結婚・子育て資金の一括贈与を受けた場合の贈与税の非課税

（措法70の2の3）及び④直系尊属から住宅取得等資金の贈与を受けた場合の贈与税の非課税（措法70の2）がある。

　これらの制度は，相続対策として有効であるものの，②〜④に関しては毎年の税制改正により，例えば，贈与者が亡くなった際の相続税の計算への取り込みの適用関係が異なることから，活用する場合でも，いつ（何年分において），どの制度を活用したかの管理が必要となる。

　ここ数年の適用関係等について，次表（図表1－6〜図表1－8）に整理する。

図表1－6　直系尊属から教育資金一括贈与を受けた場合の贈与税の非課税制度

資金の拠出時期	2013.4.1〜2019.3.31	2019.4.1〜2021.3.31	2021.4.1〜2023.3.31	2023.4.1〜2026.3.31
管理残額の相続税の計算への取り込み	取り込みなし	相続開始前3年以内の拠出分に限り取り込みあり	取り込みあり	取り込みあり
		相続開始時点において，受贈者が次のいずれかに該当する場合は，相続税の課税は行われない。 ① 23歳未満である場合 ② 学校等に在学している場合 ③ 教育訓練を受けている場合		贈与者の相続税の課税価格の合計額が5億円を超える場合は，左記取り扱いは適用されない。
2割加算	適用なし	適用あり		
終了時の贈与税の計算	特例税率			一般税率

図表1−7　直系尊属から結婚・子育て資金一括贈与を受けた場合の贈与税非課税制度

資金の拠出時期	2015.4.1〜2021.3.31	2021.4.1〜2023.3.31	2023.4.1〜2025.3.31
管理残額の相続税の計算への取り込み	取り込みあり		
2割加算	適用なし	適用あり	
終了時の贈与税の計算	特例税率		一般税率

図表1−8　直系尊属から住宅取得等資金の贈与を受けた場合の贈与税の非課税制度

贈与時期・非課税限度額	2021.1.1〜2021.12.31 下記に該当…1,000万円（1,500万円）その他500万円（1,000万円）※1	2022.1.1〜2023.12.31 下記に該当…1,000万円 その他500万円 ※2	2024.1.1〜2026.12.31 下記に該当…1,000万円 その他500万円 ※2
新築住宅	・断熱等性能等級4又は一次エネルギー消費量等級4以上 ・耐震等級2以上又は免震建築物 ・高齢者等配慮対策等級3以上 適用あり		・断熱等性能等級5かつ一次エネルギー消費量等級6以上 ・耐震等級2以上又は免震建築物 ・高齢者等配慮対策等級3以上
既存住宅・増改築			・断熱等性能等級4かつ　次エネルギー消費量等級4以上 ・耐震等級2以上又は免震建築物 ・高齢者等配慮対策等級3以上

※1　かっこ書きは，消費税等の税率10%が適用される住宅用家屋の新築等の額である。
※2　震災特例法に基づくものはそれぞれ1,500万円，1,000万円となる。
（注）本制度は，2009.1.1以後の住宅資金贈与より適用される制度である。

2 不　動　産

　相続対策の“相続税節税対策”として最も効果的なのは，不動産活用である。

　その理由は，①財産評価基本通達等による財産評価額，②小規模宅地等の特例制度による土地の減価にある。

(1)　不動産の評価額

　不動産は平等な財産分割には適さず，また，流通性は悪いものの，相続税評価額が土地の評価額は市場流通価格の8割といわれている路線価（又は倍率）で評価され，また，家屋の評価額は市場流通価格の5割ないし7割といわれている固定資産税評価額で評価され，原則としてその額でもって相続財産の評価額とされることから，そのような評価額がない現金，預貯金と比し，その節税効果は高い（図表1－9参照）。

　令和5年9月，国税庁はいわゆるマンション通達[11]を発表し，居住用の区分所有財産（区分所有マンション）の評価の見直しを図り，令和6年1月1日以降の相続・贈与から適用することとしている。

　本通達により，居住用の区分所有マンションの評価額が約1.4倍に上昇している[12]。それでも，都心のタワマンでは中古マンションの市場流通価格の5分の1の評価額[13]となっており，依然として，その優位性は変わらない。

　ただし，地方都市やリゾート地の不動産は買取り手がいない例や，海外資本の投機対象としてタワマンへ投資している例が見受けられるなど，リセールバリューのリスクもあるので注意を要する。

図表1-9　不動産の評価例

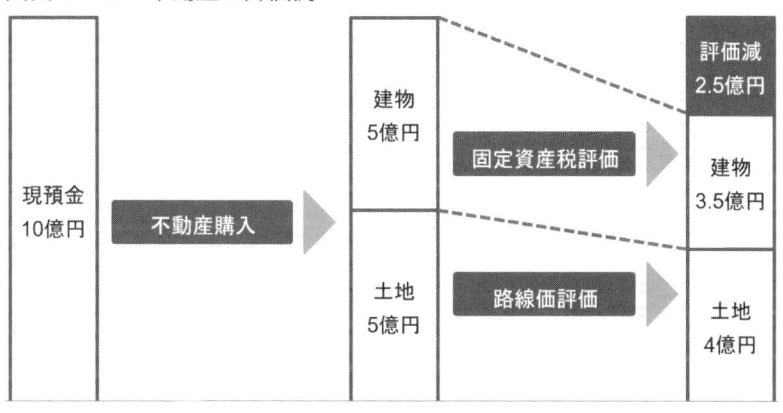

⑵　小規模宅地等の特例

　小規模宅地等の特例制度は，被相続人等（被相続人及び生計を一にする親族）の居宅，賃貸住宅，事業用にかかる宅地について，その評価額の最大8割を減額することができる制度であり，要件を満たすことにより，相続税の節税効果がかなり高い制度といえる。

　特に居宅に係る宅地については，その敷地を誰が引き継ぐのか，また，図表1-10の要件を満たしているかについて，図表1-11のような事例が散発しており，生前から注意しておきたいところである。

図表1-10 小規模宅地等の特例の適用要件等

土地の種類	主な条件	面積上限	減額割合
住宅用 特定居住用宅地等 被相続人の居住の用に供されていた宅地	1.配偶者が取得：*無条件* 2.同居していた親族が取得 　*申告期限まで継続居住・継続保有* 3.持ち家なしの別居親族（家なき子）が取得 　*①1.の配偶者及び2.の同居法定相続人がいない* 　*②相続開始前3年以内に国内に保有する家屋（持ち家）に居住したことがない* 　*③相続開始時に居住していた家屋を過去に所有したことがない* 　*④申告期限まで継続保有*	330㎡	80%
被相続人と生計を一にしていた親族の居住の用に供されていた宅地	1.配偶者が取得：*無条件* 2.生計を一にしていた親族が取得 　*申告期限まで継続居住・継続保有*		
不動産貸付用 貸付事業用宅地	親族が取得 　*相続開始前3年以内供用の貸付事業用宅地は除く* 　*申告期限まで継続事業・継続保有*	200㎡	50%
事業用 特定事業用宅地 特定同族会社事業用宅地	親族が取得 *被相続人等の事業の用に供されていた宅地* 　*申告期限まで継続事業・継続保有*	400㎡	80%

図表1－11　小規模宅地等の特例が適用できなかった事例

土地の種類	事例	対応策
住宅用 特定居住用宅地等 ・被相続人の居住の用に供されていた宅地 ・被相続人と生計を一にしていた親族の居住の用に供されていた宅地	被相続人:母，相続人:子3人，同居親族なし。 子3人は全て，本人または配偶者の所有する居宅に居住している。 特に3番目の子は，相続開始直前に独立し自宅を購入したばかりであった。 [問題点] 被相続人に同居親族なしの場合，*相続開始前3年以内に国内に保有する家屋（持ち家）に居住したことがない（家なき子）*要件を満たさなければ，特例を適用できない。	持ち家なしの別居親族（家なき子）が取得すれば「家なき子」として特例の適用可能
	被相続人:母，相続人:子1人，同居親族なし。 母は数年前に老人ホームに入居 子世帯は，空き家だった実家を取り壊し新築を建て移転して居住。 [問題点] 子は，被相続人が老人ホームに入居する前は実家に居住しておらず，また，被相続人は新宅には居住していないことから，特例を適用できない。	子は母が老人ホームに入居する前まで母と同居し，かつ，母が老人ホームから帰ってきたらバリアフリーなど住める形で建て替えを行った場合は特例の適用可能
	被相続人:父，相続人:母及び子1人，区分所有形態の二世代住宅の1階に父母世帯，2階に子世帯が暮らしていた。宅地は父所有，家の中は行き来ができる。生計は一。 [問題点] 子が宅地を相続する場合，区分所有形態であることから，被相続人が居住する建物の割合分しか特例を適用できない。	区分所有登記を外し，同居の状況であれば，建物に係る敷地のすべてに対して特例の適用可能
不動産貸付用 貸付事業用宅地等	被相続人:父，相続人:母，子1人。 父は月極駐車場を経営，以前は砂利を敷いていたが，相続開始時にはほとんどなくなっていた。 [問題点] 青空駐車場に小規模宅地等の特例を適用できるのは，アスファルト舗装や砂利敷き，コインパーキング設備のように貸付事業に関わる何かしらの構築物があるときで，砂利敷きされていない駐車場は，特例を適用できない。	一定期間ごとに，砂利を補填するなどの管理をしておくことで，特例の適用可能

3 生命保険

　相続対策として"生命保険"は特定の相続人に財産を移転できる点で財産分割対策及び納税資金対策として活用でき，また，法定相続人１人当たり500万円の死亡保険金は非課税財産として相続税節税対策に活用できる（図表１−12参照）。

　なお，生命保険は保険契約者，被保険者，保険料支払者，保険金受取人が誰かによって課税関係が変わるので，上記の非課税額と合わせた管理が必要となってくる（図表１−13参照）。

図表１−12　生命保険の活用

相続税節税対策
・非課税枠の利用
　死亡保険金について、500万円　×　法定相続人の数　が非課税

納税資金対策
・受取人を指定でき、保険会社は速やかに対応
・贈与による無駄遣いを防止できる

その他
・遺言書への記載不要、遺産分割協議の対象外

図表1−13　生命保険の課税関係

	①	②	③	④	⑤
契約者	父	子	父	母	子
保険料負担者	父	父	父	母	子
被保険者	父	子	子	父	父
保険金・権利受取人	子	子	子	子	子
税金の種類	相続税	相続税	相続税	贈与税	所得税住民税
納税者	子(受取人)	子(契約者)	相続又は遺贈により権利を取得した者	子(受取人)	子(受取人)
みなし相続財産か，本来の相続財産か	みなし相続財産（生命保険金）	みなし相続財産（生命保険契約に関する権利）	本来の相続財産（生命保険契約に関する権利）	—	—
非課税枠の有無	非課税枠有	非課税枠無	非課税枠無	—	—

Ｖ　おわりに

　本章では，クライアントの相続対策の視点で「資産税務における長期管理の特徴とポイント」を整理してきた。

　税理士又は税理士法人の観点からすると，税理士が資産税務における適正な管理を怠り，関与先に多大な税負担を強いてしまった場合，その行為は，税理士がその資格に基づいて行った業務に起因して税務上の不利益を与えたと認定され，損害賠償請求の対象になりかねない。

　すなわち，資産税務の適正な管理を行わなかった場合，損害賠償請求対象にもなり得ると考えるべきで，そのためにも「資産移動管

理表」などを用いた適正な<u>継続的な管理</u>が必要とされる。

　厳しい時代になってきているものと認識を新たにしたい。

---

❶ 相続が発生すると，最近では８人に１人，東京都では４人に１人の割合で，相続税の申告書が提出されている（国税庁・東京国税局記者発表資料「令和４年分相続税の申告事績の概要」）。

❷ 「三代相続が行われた場合の相続課税のイメージ（遺産額20億円・配偶者＋子１人）」内閣府HP

❸ 2022年（令和４年）の死亡者数は，157万人（令和５年９月15日厚生労働省人口動態統計），2040年に167万人でピーク（令和５年８月31日国立社会保障・人口問題研究所予測）

❹ 調停件数　2000年10,910件，2020年14,617件　1.3倍　最高裁判所「司法統計年報家事事件編」

❺ 「第５章／事業承継税制を適用した場合」参照

❻ 令和５年９月28日付課評２−74ほか１課共通「居住用の区分所有財産の評価について」（法令解釈通達）

❼ 「第５章　事業承継税制を適用した場合」参照

❽ 「第３章　相続が発生し，相続税の申告期限までに遺産分割が未了の場合」参照

❾ 「第５章　事業承継税制を適用した場合」及び「第６章　法人とそのオーナー間で土地・金銭を貸借している場合」参照

❿ 「第２章　相続対策としての生前贈与を継続して行っている場合」参照

⓫ 令和５年９月28日付課評2-74ほか１課共通「居住用の区分所有財産の評価について」（法令解釈通達）

⓬ 著者調べによる。

⓭ 著者調べでは，港区六本木のタワマンでは，①基本通達評価額2,406万円，②マンション通達評価額4,391万円，③市場流通価格２億2,800万円，③/①5.2倍となっている。なお，その優位性は，都心タワマン，都心高層マンション，近郊都市タワマン，近郊都市高層マンション，地方都市マンションの順となっている。また，東京都心の築10年の中古マンションの売却価格は，新築時の約３倍で売り出されている（令和６年５月５日日経新聞朝刊）。

第 2 章

相続税対策としての生前贈与（相続時精算課税贈与の適用を含む）を継続して行っている場合

I は じ め に

　令和5年度税制改正により，暦年課税贈与の生前贈与加算期間が3年から7年に延長され，また，相続時精算課税贈与の基礎控除が設けられた。本改正は，既に令和6年1月1日以後の贈与により取得する財産について適用が開始している。

　相続税の申告・納税期限は，相続開始から10か月後である。クライアントより，相続税申告書の作成依頼を受けた場合，限られた期間内で法定相続人の確定をはじめとし，申告書作成のための各種資料収集のほか，相続財産の把握，遺産分割協議，各種特例の適用の検討など，日ごろ接しない一連の業務を，申告期限までに完結しなければならない。この他，被相続人が何らかの事業を営んでいた場合には，事業承継に関するアドバイスなどの事務負担が加わる。「時間に余裕がない」という理由で，各種特例や評価方法を検討しないなど，クライアントの意に沿わない内容の申告になってはならない。

　今回の税制改正により，今後，暦年課税贈与の加算期間の延長を契機とした生前贈与の前倒し，基礎控除が設けられたことによる相続時精算課税贈与の適用者の漸増が見込まれる。

　なお，税務調査においては，これらの制度を利用した贈与財産の相続財産への計上漏れを指摘されるケースは後を絶たない。顧客が相続税対策としての生前贈与を継続して行う場合，制度の利用や贈与の事実等について，適切に管理し，相続の開始に備えることが肝要である。

　もっとも，生前贈与は相続税節税対策のみならず，遺産分割対策や納税資金対策の重要な役割を担うものである。顧客の資産状況等

を把握し，その状況に応じ，早い時期からでき得る相続対策を講じ，さらに一定期間ごとに見直すことで，いざ，その時を迎えた際には，その対策が奏功し，相続人から一層の信頼を得ることができると思料する。

　本章では，今回の税制改正により，贈与契約の成立や記録に留め置く重要性が従来以上に増していることを踏まえ，今後留意すべき点を解説する。

II　暦年課税贈与か相続時精算課税贈与か

1　暦年課税贈与と相続時精算課税贈与の使い分け

　相続対策を始めたいという相談をクライアントから受けた場合又は，税理士より相続対策を提案する場合には，対象者の家族構成，財産に対する意向，所有する現有財産の状況等の確認を行い，不動産・生命保険の活用とともに，生前贈与額を踏まえたシミュレーションを行った上，暦年課税贈与か相続時精算課税贈与かの選択をし，毎年の贈与額・実行年数を決定すること（タックス・プランニング）が大切である。

　現有財産に占める現金・預金の割合が多い人は，相続税の課税対象となる相続財産そのものを減らすことが必要である。これには，不動産活用のほか，暦年課税贈与や相続時精算課税贈与を活用し，推定相続人・推定受遺者（以下，「推定相続人等」という。）への生前贈与あるいは推定相続人等以外の人への生前贈与を行う方法がある。

　生前贈与を提案するに際しては，家族構成・現有財産の状況，推

定相続人の相続開始年齢などを勘案し，入念なシミュレーションを行った上で，暦年課税贈与と相続時精算課税贈与の使い分けを行い，推定相続人等への毎年の贈与額・実行年数を決定するなどのタックスプランニングが求められる。

Ⅲ 贈与の成立・契約書等

1 贈与の成立等

　贈与契約は，当事者の合意があれば書面がなくとも成立する諾成契約である（民法549）。書面によらない贈与は，贈与者も受贈者も原則いつでも解除することができるが，履行が終わった部分については解除することができない。また，書面による贈与は，原則として解除することができない（民法550）。

　贈与税の納税義務の成立は，贈与（死因贈与を除く。）による財産の取得の時（通則法15②五）とされ，相続税法における贈与による財産の取得の時期は，書面によるものについてはその契約の効力の発生した時，書面によらないものについてはその履行の時とされている（相基通1の3・1の4共-8）。

　例えば，年末に贈与契約書を作成したが，実際に金銭を振り込んでもらったのは年明けということがある。このような場合には，契約書を作成した日（贈与契約を交わした日）に贈与の効力が生じる。したがって，申告を行う年分の判断や各種特例の適用については，贈与契約書を作成した日の属する年分に基づいて行うこととなる。また，贈与契約書を作成した日は，相続開始の日から遡って計算する生前贈与加算期間に含まれるか否か判定する際の応答日となる。

不動産など所有権移転登記等の目的となる財産の贈与の時期については，贈与契約書を作成していないなどその贈与の時期が明確でなければ，特に反証のない限りその登記等があった時に贈与があったものとされている（相基通1の3・1の4共-11）。

　この点，「相続開始前の公正証書による財産の贈与時期は，本件不動産に係る所有権の移転登記がされた日ではなく，公正証書が作成された日である」旨，相続人が主張した審査請求事案で，審判所は，「贈与税課税の除斥期間が経過するまで所有権の移転登記がされていないこと，公正証書の作成目的が租税回避以外の必要性がないこと及び公正証書の記載内容と異なる行為が行われていることから，当該公正証書は実態を伴わない形式的な文書と認めるのが相当であり，これにより贈与が成立したとは認められない。したがって，本件不動産の贈与の成立した日は，第三者に対抗するための法律要件が成就した日（所有権移転登記が行われた日）と認めるのが相当であるから，本件決定処分は適法である。」と判断し，税務署の処分は適法であるとした[1]。

　『相続税法基本通達逐条解説』では，贈与の成立した日について，「書面によるものはその契約の効力を発生した時とするが，これは，書面さえ存在していればよいという趣旨ではないから，たとえ，書面は存在していても，所有権等の移転の登記又は登録の目的となる財産について，その登記又は登録を行うことについて何ら障害がないにもかかわらず，書面の作成後長期間登記又は登録を行わない場合など，実質的に考察すると，贈与の真実性に疑問が多く，むしろ全体を総合的にみるならば，贈与契約は，租税回避その他何らかの目的により，当事者の客観的真意とは別になされた仮装の行為あるいは贈与の予約とみるのがより自然かつ合理的であるようなものま

で，その契約の効力を認めようとするものでないことは当然である。」[2]と解説している。贈与の成立については，契約書があったとしても，その契約書の作成から財産の引渡しまでの間に不合理な点があれば，事実関係を総合的にみて贈与の成立した日を判断する必要がある。

　贈与契約書の作成日と金銭の受け渡し日が年を跨ぐような場合は，贈与契約書に公証役場の確定日付を付与してもらうほか，速やかに履行することを勧めたい。

　なお，「税理士試験に合格したら1千万円を贈与する」というような停止条件付の贈与については，民法上は「停止条件付法律行為は，停止条件が成就した時からその効力を生ずる（民法127①）」とされ，相続税法上も停止条件が成就した時に財産を取得したものとされている（相基通1の3・1の4共-9）。

2 贈与契約書の作成

　贈与契約に際し贈与契約書を作成したほうが良いかどうかについて，民法上は必ずしも文書の取り交わしを必要としていないが，爾後のトラブルに備えるため，贈与契約書を作成しておくことを勧めたい。

　贈与契約は前述のとおり当時者の合意があれば書面がなくとも成立するが，爾後の税務調査や相続人間のトラブルに備え，書面で作成することが望ましい。

(1) 税務調査に備え作成

　被相続人（贈与者）の相続開始後，相続人（受贈者）に対する相

続税調査において，相続人（受贈者）名義の預貯金について，その帰属が争われるケースが多々ある。予め贈与契約書を作成し，このような事態に備えておきたい（Ⅶ**4**参照）。

(2)　贈与契約書作成に当たっての留意点

①　不動産の贈与に係る贈与契約書については，所有権移転登記を行うに当たり，必要となる情報を記載したものを作成する。

②　贈与者の相続が開始した際に生前贈与をめぐり相続人間の争いを招かないよう贈与の事実を明らかにしておく。

　もっとも，贈与契約書が作成されていたからといって，相続人間の争いはなくなるわけではなく，特定の推定相続人への特別受益について，持ち戻し免除の意思表示（民法903③）を行うほか，遺留分侵害額請求の対策として別途遺言書を作成の上，遺留分侵害額請求の対象者に相応の財産を相続させる旨を記載し，了解を得ておくなどの配慮も必要である。

③　相続開始の時点で贈与者の意思を確認することができない死因贈与契約（贈与者が死亡することによって効力が発生）においては，他の相続人との紛争に備え，公正証書を作成し贈与の実効性を担保しておく。

④　贈与者及び受贈者の意思能力の強弱や贈与契約の内容に応じて，公正証書を作成したり，公証役場の確定日付を付与してもらう。

⑤　下記**4**の記載事項を網羅している。

3 贈与の事実

　贈与の事実があったことを明確にするためには，贈与契約書を交わすほか，預貯金口座の利用など，資金等資産移動の記録を残した贈与を行う。

　贈与者から受贈者への金銭の贈与については，贈与者から受贈者へ金銭が移動したという証拠を残すことが要諦といえる。この場合，贈与契約書を交わすほか，預貯金口座を介した金銭の移動は動かぬ証拠といえることから，贈与者の預貯金口座から受贈者の預貯金口座への振込みなどを活用することが望ましい。

　なお，日頃の現金の入出金を家計簿や金銭出納帳で継続的に記帳し現金残高の確認を行っているという場合は，現金で贈与した場合であっても証拠としての真実性が担保されるであろう。もっとも，贈与する現金が不足する場合には，預貯金口座から引き出した金額を家計簿等の入金欄に記帳することとなるので，口座の出金履歴が残ることとなる。資金源の説明に困窮するようなタンス預金の贈与は，極力行わないことが賢明である。

　また，贈与税の基礎控除額を上回る贈与があった場合は，それが暦年課税贈与であっても相続時精算課税贈与であっても受贈者は贈与税申告を行う必要があるので，これも一つの証拠といえる。

　①贈与契約書の作成，②贈与者から受贈者への資産の移動が確認できること及び③贈与を受けたという事実（贈与税申告）があれば，税務調査において，贈与がなかったという認定は困難となろう。

4 贈与契約書の記載事項等

　贈与契約書を作成するに当たり，作成方法や記載事項については，遺言のように定められた方式はない。

遺言は，遺言者が死亡して初めてその効力を生じるものであり，相続人等多数の利害関係人が存在することから，遺言が遺言者の真意であるか否かを確認できるよう，遺言の成立要件は厳格でなければならない。このため，民法960条は「遺言は，この法律に定める方式に従わなければ，することができない。」と定めており，民法に定めた方式に従っていない遺言は効力が認められない。

　この点，贈与契約においては，遺言のような方式は定められておらず，例えば，全文をパソコンで作成しても差し支えない。また，贈与契約書を公正証書として作成する際には，公正証書遺言作成時に必要とされる証人は不要であるため，作成者の負担軽減を図ることができる。

　ただし，爾後において，その贈与契約書の真実性や贈与者の意思能力が問題視されないよう，最低限両者の自署，押印は必要であると思料する。

　なお，贈与者が受贈者に対し現金を贈与する場合の贈与契約書の主な記載事項は次のとおりである。

①　贈与者の氏名及び住所

②　受贈者の氏名及び住所

③　贈与契約を交わした日付

④　財産を実際に贈与する日付

⑤　贈与する財産の種類及び金額

⑥　贈与する財産の受渡し方法（預貯金口座名等）

　また，一般的な贈与契約であれば200円の印紙貼付が必要であるが，現金や株式贈与に係る贈与契約書には，印紙を貼付する必要はない。

Ⅳ 暦年課税贈与

1 暦年課税贈与における確認事項等

　クライアントが子や孫に毎年継続して暦年贈与を行う場合，税理士としては，爾後に備え，贈与した事績を贈与者ごとに，贈与契約日，贈与契約日に対応する生前贈与加算期限，相続税額から控除する贈与税額など記録を残し，管理することが望しい。

　暦年課税贈与において贈与者の相続が開始した場合，相続開始前7年間[3]の生前贈与加算額[4]及び相続税額から控除する贈与税額の計算に対応するため，贈与契約日，贈与契約日に対応する生前贈与加算期限[5]及び相続税額から控除する贈与税額を明確に記録に残しておきたい。

　次の図表2－1～2－3は，相続開始日の違いによる生前贈与加算額を示したものである。

○相続開始日の違いによる生前贈与加算額について

図表2−1　相続開始日が令和6年1月1日から令和8年12月31日までの間

例：令和8年4月1日相続開始

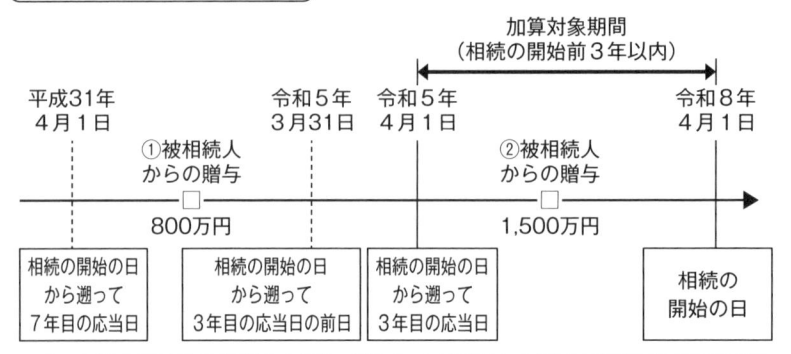

※1　相続の開始前3年以内の贈与（②）により取得した財産の価額（1,500万円）
　　が相続税の課税価格に加算される。
※2　相続の開始前3年超7年以内の贈与は、加算対象期間内の贈与に該当しない
　　ことから、①の贈与により取得した財産の価額（800万円）は相続税の課税価
　　格に加算されない。

図表２－２　相続開始日が令和９年１月１日から令和12年12月31日までの間

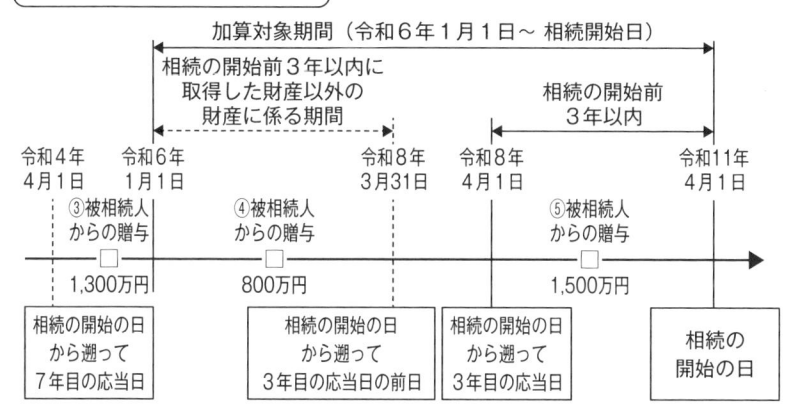

※１　相続の開始前３年以内の贈与（⑤）により取得した財産の価額（1,500万円）が相続税の課税価格に加算される。
※２　相続の開始前３年以内に取得した財産以外の財産に係る期間中の贈与（④）により取得した財産の価額（800万円）から100万円を控除した残額（700万円）が相続税の課税価格に加算される。
※３　令和６年１月１日前の贈与は，相続の開始前７年以内の贈与であっても加算対象期間内の贈与に該当しないことから，③の贈与により取得した財産の価額（1,300万円）は相続税の課税価格に加算されない。

図表２−３　相続開始日が令和13年１月１日以後

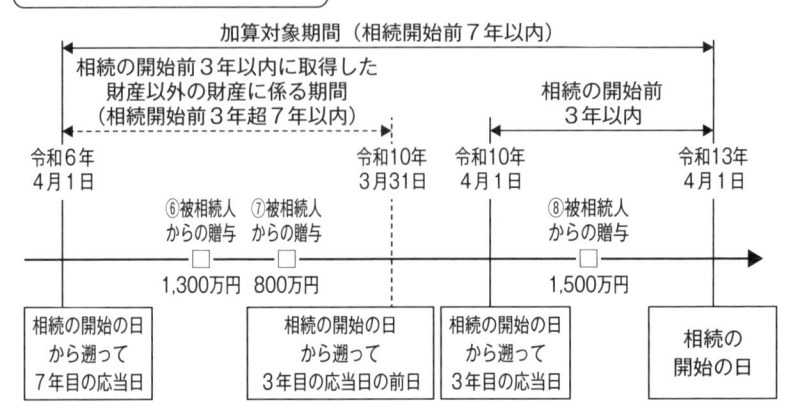

※１　相続の開始前３年以内の贈与（⑧）により取得した財産の価額（1,500万円）が相続税の課税価格に加算される。

※２　相続の開始前３年以内に取得した財産以外の財産に係る期間中の贈与（⑥及び⑦）により取得した財産の価額（1,300万円及び800万円）の合計額（2,100万円）から100万円を控除した残額（2,000万円）が相続税の課税価格に加算される。

※令和６年３月21日付資産課税課情報第２号「相続税法基本通達等の一部改正について（法令解釈通達）のあらまし（情報）」６頁を加工して作成

　同一年分に複数人から贈与があった場合，その受贈者は，贈与税額の計算において，基礎控除額の按分計算が必要となる。なお，直系尊属以外からの贈与や受贈者の年齢によっては，贈与税額の算出において，特例税率は適用できず一般税率が適用される。

　特に，贈与者が贈与後３年ないし７年の間に亡くなったときには，その贈与が，生前贈与加算の対象となるので，110万円以下の贈与であっても受贈（贈与）の状況を記録しておくほか，同族会社の株式の贈与があった場合は法人税別表２「同族会社等の判定に関する明細書」にも反映させることに留意する。その記録には，爾後に備え，贈与税申告の有無，贈与契約書の作成状況，金銭等の受渡の状

況などについても簡記しておく。

　なお，民法上，相続分の計算において，共同相続人の中に被相続人から特定の相続人に「婚姻若しくは養子縁組のため若しくは生計の資本として贈与（特別受益）」があった場合には，その贈与財産の価額を相続財産に加算して計算することとされている（民法903）。この特別受益の持戻しは，相続開始の時から10年を経過した後にする遺産分割については，原則として適用しないこととされている（民法904の3）。また，特別受益は遺留分侵害額請求の対象にもなる（民法1043）ことから，贈与の事実関係を記録に留め置くことは，相続税法上の対応のみならず，遺産分割の際にも有効である。

　次の「暦年課税贈与の顧客管理表」（図表2－4）は，医療施設において，患者に対して使用するカルテの総括表をイメージしたもので，クライアント関係者の暦年課税贈与の大筋を一目で把握できるよう示したものである。クライアント関係者が最初に暦年課税贈与による贈与財産を取得したときに作成する。作成に当たっては，「暦年課税贈与に係るチェックリスト」（図表2－5）を活用されたい。

　また，「暦年課税贈与の顧客明細表」（図表2－6）は，カルテの診療記録をイメージして作成したものである。その記載例（図表2－6参照）では，受贈者「甲野一郎」が父母又は叔父から暦年贈与を受けた場合について示している。甲野一郎が同一年分に父と叔父から贈与を受けた場合の贈与税額は，すべての財産を「特例税率」（図表2－7参照）で計算した税額に占める「特例贈与財産」の割合に応じた税額と，すべての財産を「一般税率」（図2－7参照）で計算した税額に占める「一般贈与財産」の割合に応じた税額との合計額となる。叔父の相続開始において，遺贈があった場合は，生

前贈与加算，相続税額の２割加算の対象となるので，この点についても簡記しておく。「顧客管理表」とともにぜひ活用されたい。

図表２－４　暦年課税贈与の顧客管理表

暦年課税贈与の顧客管理表

顧客番号			作成年月日	・・
受贈者	住　所		生年月日	・・
	氏　名		年齢・続柄	歳・
贈与者	住　所			
	氏　名			
財産の取得年月日		年　　月　　日	生前贈与加算期限	年 月 日
取得した財産の種類		□現金 □住宅取得資金 □自社株式 □不動産（　　　） □現金（基礎控除110万円以下） □その他（　　　　）		
財産取得後の留意事項				
贈与者の相続開始時の留意事項				
税務代理権限証書提出年月日等		年　　月　　日	関与税目	法・所・消・相

図表2−5　暦年課税贈与に係るチェックリスト

【チェック項目】

区分	確認項目	担当	所長
受贈者	贈与を受けた年の年の1月1日において18歳以上、受贈者の直系卑属か。 解説　特例税率を適用するための要件であり、受贈者の戸籍の謄本又は抄本その他の書類でその人の氏名、生年月日及びその人が贈与者の直系卑属（子や孫など）に該当することを証する書類を提出する必要がある。	印	印
財産の取得年月日	贈与により財産を取得した年月日に係る書面等を確認したか。 解説　相続税法における贈与による財産の取得の時期は、書面によるものはその契約の効力の発生した時、書面によらないものはその履行の時とされている。	印	印
生前贈与加算期限	財産を取得した年月日に応当する生前贈与加算期限を確認したか。 解説　財産を取得した日から生前贈与加算の期限となる7年後の応当日を記載する。	印	印
財産取得後の留意事項	取得した財産が賃貸用不動産や株式などである場合、賃貸収入や配当など確定申告の必要はないか。 解説　例えば、「賃貸不動産の贈与を受けたため所得税申告の必要がある」など贈与後に留意すべき事項等を記述する。	印	印
贈与者の相続開始時の留意事項	贈与者の相続が開始した際の問題点等について確認したか。 解説　例えば、「祖父から取得、遺贈を受けた場合は2割加算適用」など相続開始時に留意すべき事項等を記述する。	印	印
関与税目	受贈者に係る関与税目との関連について確認したか。 解説　財産を取得することによって、関与税目に影響があるか否かの確認を行う。	印	印

図表2-6　暦年課税贈与の顧客明細表（サンプル）

〔記載例〕　　　　　暦年課税贈与の顧客明細表

暦年課税贈与の顧客明細表

受贈者　**甲野一郎**

贈与者	続柄	財産の取得年月日	生前贈与加算期限	取得した財産の種類	財産の価額（評価額）	基礎控除額	贈与税額	確定申告		贈与契約書		財産の受渡状況 預貯金	財産の受渡状況 現金その他
甲野さくら	母	R4.11.23	R7.11.23	現金	200万円	110.0万円	90.0千円	☑ R5.2.1	公正 / 確定	書面 / ☑ 口頭	入金 / 出金	現金 / その他
								□ 申告不要				
甲野太郎	父	R5.11.3	R8.11.3	自社株式 ※法人税別表	100万円		97.0千円	□ R6.3.1	公正 / ☑ 確定	書面 / 口頭	入金 / 出金	現金 / ☑ その他
								☑ 申告不要				
乙野次郎	叔父	R5.12.30	R8.12.30 ※生前加算留意	現金	400万円		485.0千円	☑ R6.3.1	公正 / 確定	書面 / ☑ 口頭	☑ 入金 / 出金	現金 / その他
								□ 申告不要				
甲野太郎	父	R6.2.11	R12.12.31	現金	100万円	110.0万円	0.0千円	□	公正 / 確定	書面 / ☑ 口頭	入金 / 出金	現金 / その他
								☑ 申告不要				
								□	公正 / 確定	書面 / 口頭	入金 / 出金	現金 / その他
								□ 申告不要				

図表2-7　贈与税の税率表

税率表

贈与税率（一般税率）

基礎控除後の課税価格	税率	控除額
200万円以下	10%	－
300万円以下	15%	10万円
400万円以下	20%	25万円
600万円以下	30%	65万円
1,000万円以下	40%	125万円
1,500万円以下	45%	175万円
3,000万円以下	50%	250万円
3,000万円超	55%	400万円

特例税率以外の贈与

贈与税率（特例税率）

基礎控除後の課税価格	税率	控除額
200万円以下	10%	－
400万円以下	15%	10万円
600万円以下	20%	30万円
1,000万円以下	30%	90万円
1,500万円以下	40%	190万円
3,000万円以下	45%	265万円
4,500万円以下	50%	415万円
4,500万円超	55%	640万円

直系尊属から18歳以上の者への贈与

V 相続時精算課税贈与

■1 相続時精算課税贈与における確認事項等

　子や孫に毎年継続して相続時精算課税贈与を行うにあたっては，爾後に備え，相続開始時に相続財産に加算する累積贈与額（基礎控除額を上回る額）を的確に管理することが重要である。累積贈与額が2,500万円を超えた部分について一律20％の税率で贈与税が課税されるので，この点についても注意を要する。

　令和6年1月1日以後の相続時精算課税贈与においては，基礎控除額（110万円）以下の贈与について，贈与税申告は不要であり，また，相続開始時に相続財産に加算する累積贈与額に加算する必要がない。このため，贈与額と累積贈与額を的確に管理することがポイントとなる。ただし，同一年分に特定贈与者が複数人いる場合には，それぞれの特定贈与者の贈与税の課税価格で基礎控除額の按分計算が必要になるため，110万円以下の贈与であっても，贈与税申告が必要となり，また，累積贈与額に加算しなければならない場合も生じる。

○特定贈与者が複数人いる場合の相続時精算課税に係る基礎控除額の計算

　（計算式）

$$110万円 \times \frac{特定贈与者ごとの贈与税の課税価格}{特定贈与者ごとの贈与税の課税価格の合計額}$$

（注）　1　「特定贈与者」とは，財産の贈与を受け「相続時精算課税制度」を選択した者の，その贈与を行った者をいう。
　　　　2　上記の算式により計算した特定贈与者ごとの相続時精算課税に係る

基礎控除の額に１円未満の端数があるときは，特定贈与者ごとの相続
　時精算課税に係る基礎控除の額の合計額が110万円になるようにその
　端数を調整して差し支えない。
　3　上記算式の「特定贈与者」には，贈与を行った年の中途において死
　亡した特定贈与者も含まれる。

　次の「相続時精算課税贈与の顧客管理表」（図表２−８）は，ク
ライアント関係者が最初に相続時精算課税贈与を選択したときに作
成するものとして示したものであり，暦年課税贈与の同管理表と同
様活用されたい。同表の作成に当たっては，「相続時精算課税贈与
に係るチェックリスト」（図表２−９）を活用されたい。

　「相続時精算課税贈与の顧客明細表」の記載例（図表２−10参照）
は，受贈者「甲野二郎」が，特定贈与者「甲野春雄」から土地の贈
与を受けた場合，同一年分に特定贈与者「甲野春雄」及び「甲野秋
子」から現金の贈与を受けた場合について示している。

　この場合，同一年分における特定贈与者「甲野春雄」及び「甲野
秋子」からの贈与については，取得した財産の価額に応じて基礎控
除額110万円を按分計算する必要がある。甲野春雄からの贈与は基
礎控除額110万円以下であっても，贈与税申告が必要であり，按分
後の基礎控除額を超える額は，累積贈与額に加算して管理しなけれ
ばならない。

図表2−8　相続時精算課税贈与の顧客管理表

相続時精算課税贈与の顧客管理表

顧客番号			作成年月日	・　・
受贈者	住　所		生年月日	・　・
	氏　名		年齢・続柄	歳・
贈与者	住　所			
	氏　名			
相続時精算課税選択届出書提出年月日		年　　　月　　　日		
財産の取得年月日		年　　　月　　　日		
取得した財産の種類		□現金　□住宅取得資金　□自社株式　□不動産（　　　） □現金（基礎控除110万円以下）　□その他（　　　）		
相続時精算課税選択前の暦年贈与の状況				
財産取得後の留意事項				
贈与者の相続開始時の留意事項				
税務代理権限証書提出年月日等		年　　　月　　　日	関与税目	法・所・消・相

図表2－9　相続時精算課税贈与に係るチェックリスト

【チェック項目】

区分	確認項目	担当	所長
受贈者	贈与を受けた年の年の1月1日において18歳以上であり、受贈者の直系卑属か。 解説　相続時精算課税制度を適用するための要件であり、受贈者の戸籍の謄本又は抄本その他の書類でその人の氏名、生年月日及びその人が贈与者の直系卑属（子や孫など）に該当することを証する書類を提出する必要がある。	㊞	㊞
相続時精算課税選択届出書提出年月日	贈与者が贈与を行った年に死亡したか。 解説　贈与者が贈与を行った年に死亡した場合、①贈与税の申告期限又は贈与者の死亡に係る相続税の申告書の提出期限のいずれか早い日までに提出する必要がある。	㊞	㊞
財産の取得年月日	贈与により財産を取得した年月日に係る書面等を確認したか。 解説　相続税法における贈与による財産の取得の時期は、書面によるものはその契約の効力の発生した時、書面によらないものはその履行の時とされている。	㊞	㊞
相続時精算課税選択前の暦年贈与の状況	相続時精算課税選択前の暦年贈与の有無を確認（暦年課税贈与の顧客管理表を確認）したか。 解説　相続時精算課税制度を選択する前に暦年課税贈与があった場合、財産を取得した日から生前贈与加算の期限となる7年後の応当日前に贈与者の相続が開始したときは生前贈与加算の対象となることに留意する。	㊞	㊞
財産取得後の留意事項	取得した財産が賃貸用不動産や株式などである場合、賃貸収入や配当など確定申告の必要はないか。 解説　例えば、「賃貸不動産の贈与を受けたため所得税申告の必要がある」など贈与後に留意すべき事項等を記述する。	㊞	㊞
贈与者の相続開始時の留意事項	贈与者の相続が開始した際の問題点等について確認したか。 解説　例えば、「祖父から取得、遺贈を受けた場合は2割加算適用」など相続開始時に留意すべき事項等を記述する。	㊞	㊞
関与税目	受贈者に係る関与税目との関連について確認したか。 解説　財産を取得することによって、関与税目に影響があるか否かの確認を行う。	㊞	㊞

図表2−10　相続時精算課税贈与の顧客明細表（サンプル）

〔記載例〕　　　相続時精算課税贈与の顧客明細表

受贈者	甲野二郎	特定贈与者	甲野春雄	続柄	祖父	届出書提出日	R4.2.1

財産の取得 年月日	取得した 財産の種類	財産の価額 （評価額）	基礎控除額	累積贈与額	贈与税額	確定申告	贈与契約書		財産の受渡状況	
									預貯金	現金その他
R5.11.23	宅地	1,500万円	−	1,500.0万円	0円	☑ R6.3.1 ☐ 申告不要	☑ 公正 ☐ 確定	☐ 書面 ☐ 口頭	☐ 入金 ☐ 出金	☐ 現金 ☑ その他
R6.2.1	現金	100万円	27.5万円	1,572.5万円	0円	☑ R7.0.0 ☐ 申告不要	☐ 公正 ☑ 確定	☐ 書面 ☐ 口頭	☐ 入金 ☐ 出金	☑ 現金 ☐ その他
						☐ ☐ 申告不要	☐ 公正 ☐ 確定	☐ 書面 ☐ 口頭	☐ 入金 ☐ 出金	☐ 現金 ☐ その他

受贈者	甲野二郎	特定贈与者	甲野秋子	続柄	祖母	届出書提出日	R6.3.1

財産の取得 年月日	資産の種類	財産の価額 （評価額）	基礎控除額	累積贈与額	贈与税額	確定申告	贈与契約書		⑩受渡の状況	
									預貯金	現金その他
R6.3.10	現金	300万円	82.5万円	217.5万円	0円	☑ R7.0.0 ☐ 申告不要	☐ 公正 ☑ 確定	☐ 書面 ☐ 口頭	☑ 入金 ☐ 出金	☐ 現金 ☐ その他
						☐ ☐ 申告不要	☐ 公正 ☐ 確定	☐ 書面 ☐ 口頭	☐ 入金 ☐ 出金	☐ 現金 ☐ その他
						☐ ☐ 申告不要	☐ 公正 ☐ 確定	☐ 書面 ☐ 口頭	☐ 入金 ☐ 出金	☐ 現金 ☐ その他

2 相続時精算課税に係る土地又は建物の価額の特例

　相続時精算課税適用者が，特定贈与者から贈与により取得した土地又は建物（※1）について，その贈与の日からその特定贈与者の死亡に係る相続税の申告書の提出期限までの間に，災害（※2）によって一定の被害を受けた場合（※3）（その方がその土地又は建物を贈与日から災害発生日まで引き続き所有していた場合に限る。）には，その相続税の課税価格への加算の基礎となるその土地又は建物の価額は，その贈与の時における価額から，その災害による被災価額を控除した残額とすることができる（令和6年1月1日以後の災害より適用）。

　相続時精算課税の災害特例の適用を受けようとする相続時精算課

税適用者は，承認申請書を提出期限（図表2-12参照）までに提出し，その申請に係る災害承認を受けることを要する。

　なお，その提出期限までに承認申請書が提出されなかった場合における宥恕規定は設けられていないことから，例えば，災害により被害を受けた部分に係る保険金等が確定していない場合であっても，見積額で計算した金額で申請するなど，その提出期限までに承認申請書を提出しなければならない。

※1　「土地又は建物」について，土地の上に存する権利（借地権）は本特例の対象とされない。家屋と構造上一体となっている設備は「建物」に含まれるが，建物と独立している構築物は含まれない。

※2　「災害」とは，震災，風水害，冷害，雪害，干害，落雷，噴火その他の自然現象の異変による災害及び火災，鉱害，火薬類の爆発その他の人為による異常な災害並びに害虫，害獣その他の生物による異常な災害をいう。

※3　「被害を受けた場合」とは土地又は建物が災害により物理的な損失を受けた場合をいい，この物理的な被害とは，地割れ等土地そのものの計上が変わったことによる損失や建物の損壊及び滅失等による物理的な損失をいう（図表2-11参照）。したがって，災害により土地又は建物の周囲の街路が破損するなど，その土地又は建物の価値が下落した場合（経済的な損失（図表2-11参照））については，相続時精算課税の災害特例の適用はない。

図表2-11　物理的な損失と経済的な損失の例示

物理的な損失 （精算課税の災害特例〔措置法70の3の3〕）	経済的な損失 （特定非常災害に係る特例〔措置法69の6・7〕）
土地そのものの形状が変わったこと 又は建物の倒壊等に伴う損失 （具体例） 　・土地の地割れ，亀裂 　・土地の陥没 　・土地の隆起 　・土地の海没 　・建物の損壊，滅失	左記以外の損失（地価下落） （具体例） 　・街路の破損 　・鉄道交通の支障 　・ライフラインの停止 　・周囲の建物の倒壊 　・がれきの堆積 　・塩害

図表2-12　承認申請書の提出期限等

提出者	提出先	提出期限 [注1]
相続時精算課税適用者	相続時精算課税適用者に係る贈与税の納税地の所轄税務署長	災害が発生した日から3年を経過する日
相続時精算課税適用者の納税義務等承継人	相続時精算課税適用者に係る死亡の時における贈与税の納税地の所轄税務署長	災害が発生した日から3年を経過する日 [注2]

（注）1　通則法第11条の規定により，申告・納付等の期限が延長されている場合には，同条の規定に基づき延長された日と上記の提出期限のいずれか遅い日となる。

　　　2　この提出期限（災害が発生した日から3年を経過する日）までに相続時精算課税適用者が死亡している場合には，この提出期限と当該相続時精算課税適用者の死亡による相続の開始があったことを知った日の翌日から6月を経過する日とのいずれか遅い日となる。

※令和6年3月21日付資産課税課情報第2号「相続税法基本通達等の一部改正について（法令解釈通達）のあらまし（情報）」を参考

Ⅵ 贈与の確認等

1 受贈者自身が行った贈与税申告等の確認

　受贈者自身が過去に行った贈与税申告，相続時精算課税贈与の状況について失念したときは，税務署での申告書等閲覧サービス又は個人情報開示請求によってその内容を確認する。

　生前贈与の状況を継続して管理するに当たっては，受贈者自身が，過去の贈与を受けた状況を記録に留めている場合は別として，記録がない場合や記憶が曖昧な場合は，過去の生前贈与等の状況を把握しておく必要がある。受贈者自身の過去における贈与税の申告状況を確認しようとする場合，受贈者の住所地を管轄する税務署に対して，申告書等閲覧サービス又は個人情報開示請求によって，過去の贈与税申告書を確認することが可能である。

　なお，申告書等閲覧サービスは，税務署に赴き，目視やスマートフォン等による必要部分を撮影することができるサービスで，閲覧に係る費用は無料とされている。税理士等による代理人の閲覧も可能である。

　また，個人情報開示請求は，開示請求書を税務署の窓口に直接提出するか又は，送付し，文書で回答を求める手続である（e-Taxでの申請も行うことができる。）。保有個人情報が記録されている行政文書1件につき300円（オンライン申請による場合には200円）の費用負担が生ずる。法定代理人又は任意代理人による開示請求も可能である。

2 他の相続人が受けた生前贈与の確認

　相続が開始し，相続税申告書の作成に当たり，他の相続人が受けた生前贈与の状況を確認する必要がある場合は，相続税法49条に基づく開示請求を行う。

　相続税申告における生前贈与加算について，相続人自身が受けた贈与については，前記，申告書閲覧サービス等によって確認することとなるが，贈与を受けた相続人本人以外は，同サービス等を使えない。そこで，他の相続人等が被相続人から受けた贈与に係る贈与税の課税価格の合計額について開示請求を行うことができる[6]（相法49①）。税理士も代理人として開示請求を行うことができる。

　なお，課税価格の合計額は，暦年課税贈与又は相続時精算課税贈与によって，それぞれ次による額となる。

⑴　暦年課税贈与

　他の共同相続人等がその被相続人から贈与により取得した次に掲げる加算対象贈与財産（相続税法19条１項に規定する加算対象贈与財産をいう。）の区分に応じそれぞれ次に定める贈与税の課税価格に係る金額の合計額
イ　相続の開始前３年以内に取得した加算対象贈与財産……贈与税の申告書に記載された贈与税の課税価格の合計額
ロ　イに掲げる加算対象贈与財産以外の加算対象贈与財産……贈与税の申告書に記載された贈与税の課税価格の合計額から100万円を控除した残額

(2)　相続時精算課税贈与

　他の共同相続人等がその被相続人から贈与により取得した相続時精算課税制度の規定の適用を受けた財産……相続時精算課税に係る贈与税の申告書に記載された相続時精算課税贈与に係る基礎控除額を控除した後の贈与税の課税価格の合計額

Ⅶ 生前贈与において留意すべき事項

■1 贈与者が贈与を行った年に死亡した場合

　相続開始の年に贈与を受けた場合，相続税の課税の対象となり，贈与税の申告は不要である。この場合，相続時精算課税贈与を選択することについて一考の余地がある。令和 6 年 1 月 1 日以後の贈与から相続時精算課税贈与に110万円の基礎控除が設けられたことから，相続時精算課税選択届出書を提出することにより，110万円以下の贈与については申告を要しないこととなる。受贈者は，次の(1)又は(2)のいずれか早い日までに，納税地の所轄税務署長あてに，同届出書を提出することにより110万円以下の贈与については贈与税の申告を要さず，また，相続税の申告財産に含める必要もなくなる。

　なお，相続時精算課税制度を選択する場合において，110万円以下の贈与に係る贈与税の申告書の提出を要しないときは，贈与税の申告書を提出しない旨を記載した同届出書を提出しなければならない。

(1)　贈与税の申告期限（贈与を受けた年の翌年の 3 月15日）

(2)　贈与者の死亡に係る相続税の申告書の提出期限（相続の開始の

日の翌日から10か月を経過する日）

2 定期贈与

　例えば，今後10年間にわたり毎年12月末に100万円の贈与を受けるという場合，その贈与が定期金給付契約に基づく贈与であるか否かによって，連年贈与として一括して贈与税の課税対象になるか否かを判断することとなる。

　毎年100万円ずつ10年間にわたって贈与を受ける契約が交わされている場合（連年贈与契約）には，契約をした年に，定期金給付契約に基づく定期金に関する権利（10年間にわたり100万円ずつの給付を受ける契約に係る権利）の贈与を受けたものとして，1,000万円が贈与税の課税対象となる[7]。つまり，贈与者と受贈者との間で，毎年現金100万円を10年間にわたって贈与（連年贈与）する旨の贈与契約が締結された場合は，その契約を締結した時点で定期給付契約が成立し，受給権1,000万円が贈与財産として課税対象となる。

　この場合，毎年現金100万円を10年間にわたって贈与（連年贈与）する旨の贈与契約とせずに，毎年，贈与契約を交わし，その契約に基づく契約書を作成し贈与を行えば，毎年100万円の贈与額は基礎控除額の110万円以下であることから，贈与税は課税されない。

　なお，その贈与者からの贈与について，贈与額が暦年課税贈与又は相続時精算課税贈与のそれぞれの基礎控除額110万円を超える場合は申告が必要となる。

3 未成年者への贈与

　例えば，小学校に入学した孫へのお祝いとして一定の金額の贈与を行う場合など，未成年者への贈与については，親権者である親が

受贈者である子に代わって贈与者との契約を結ぶことが望ましい。

　節税対策として，孫への生前贈与を検討するケースも多々あるだろう。贈与は贈与者が財産を受贈者に「あげる」という意思表示を行い，受贈者がその財産を「もらう」という意思表示があることによって成立する。未成年者の法律行為について，民法5条1項には「未成年者が法律行為をするには，その法定代理人の同意を得なければならない。」と規定されており，贈与契約を行うに当たり，受贈者が小学生である場合は，贈与者との贈与契約は，親権者である親が受贈者に代わって行うこととなる。

　なお，同条ただし書きにおいて，「単に権利を得，又は義務を免れる法律行為については，この限りでない。」と規定されており，孫への単なる贈与は，ただし書きの「単に権利を得」ることに当てはまることから，法定代理人（親権者）の同意は不要ということになる。もっとも，法律行為の当事者が意思表示をした時に意思能力を有せず行った法律行為は無効とされる（民法3の2）ことから，小学生に意思能力が認められるか否かが問題となる。この点，意思能力とは，自己の行為の結果を判断できる精神能力のことをいい，7歳ないし10歳の子どもの精神能力といわれており，小学校低学年程度の精神能力があれば，意思能力は有するものといえる。爾後において，税務当局を含めた関係人と贈与契約の有効性などの問題を生ずる懸念が少しでもある場合は，親権者が孫の代理人となって贈与契約を交わすべきであろう。

　贈与が行われた事実を証拠として残すため，贈与契約書を作成した上で，公証役場で確定日付を付与してもらうことが望ましい。また，受贈者が成人年齢に達するなど一定の年齢に達したときには速やかに預貯金通帳の受け渡しを行い，受贈者に金銭の管理を任せる

など，贈与財産の管理は受贈者が行っている事実を積み上げていくことが望しい。

4 相続人名義の預貯金

父（被相続人）が子ども名義の預貯金通帳に毎年100万円ずつ振り込み，トータルで一定額の預貯金が形成されたというようなケースにおいて，贈与者と子の間で贈与契約が成立している事実やその預貯金が実質的に子への贈与により移転したとする事実が確認できない場合，税務調査において，被相続人の名義財産として認定されるリスクが高い。

相続税の申告書を作成する際において，被相続人の原資に基づく相続人名義の預貯金を把握した場合，相続人名義の預貯金は，既に相続人への贈与が成立したものか，実質的に被相続人に帰属し相続財産として計上すべきものかの判断を行わなければならない。

相続税の申告後，税務調査があった場合，その財産の原資は誰が出したものか，通帳等は誰が管理していたのか，利息の受け取り人は誰かなどの状況から，その財産が被相続人の名義財産に該当するか否かについて判断される。

被相続人から相続人に贈与されたものである旨を主張する際には，贈与契約書の有無，預貯金口座の開設者，通帳・印鑑の管理状況，相続人による費消・運用，贈与税申告の有無などの事実，事情等を主張する必要がある。この場合，贈与とは認められず名義財産とされた事例も多く見受けられる[8]。

万が一，相続税の申告後，名義預金が把握された場合，相続税申告に影響するほか，民事上においても遺産分割や遺留分侵害額の請求の問題など相続人間のトラブルの基になるため，相続開始前に可

能な限り解消しておくことが望ましい。

❶ 平成9年1月29日裁決（TAINS:J53-4-21）

❷ 『令和6年版　相続税法基本通達逐条解説』24頁

❸ 令和5年12月31日以前の贈与は3年間となる。

❹ 相続開始前3年超7年以内の期間に受けた贈与について総額100万円までは加算しない措置を含む。

❺ 本稿において，暦年課税贈与に対する生前贈与加算の適用がなくなる期限のことをいう。

❻ 国税庁ホームページ「贈与税の申告内容の開示請求手続」参照

❼ 国税庁タックスアンサー：No.4402「贈与税がかかる場合　毎年，基礎控除額以下の贈与を受けた場合」参照

❽ 東京地判平成20年10月17日（税資258号11053，TAINS：Z258-11053）ほか

第 3 章

相続が発生し，相続税の申告期限までに遺産分割が未了の場合

1　相続税の未分割申告を行う場合，「相続税法第32条等に基づく更正の請求の期限」「やむを得ない事由がある旨の承認申請」の期限に留意する必要がある。それぞれの期限を徒過した場合，配偶者に対する相続税額の軽減や小規模宅地等についての相続税の課税価格計算の特例等の適用を受けることができなくなる。

2　未分割での相続税申告を行う際には，未分割申告に関する重要事項の説明を受けたことの確認書面を交わす，未分割事案については例えば3か月など一定期間ごとに遺産分割の進捗状況をトレースする体制を構築するなど，税理士側の自衛策をとる必要がある。

3　被相続人が所有する賃貸不動産が未分割の場合，その賃料は各相続人に法定相続分に応じ配分されることとなる。このため，相続税関連の手続以外にも，相続人の所得税の青色申告承認申請手続・消費税の簡易課税制度の選択届出等についても検討する必要がある。また，賃借人の中に消費税の適格請求書の発行を要する者がいる場合には，相続人全員の適格請求書発行事業者の登録申請を行う必要がある点も注意が必要である。

Ⅰ 遺産分割が未了の状態とは

遺産分割が未了の状態とは，次のいずれかに分類される。

(1) 相続人の範囲が未確定

(2) 遺産の範囲が未確定

(3) 遺産の評価額が未確定

(4) 遺産の分割方法が未確定（相続人間で争いがある）

クライアント等から相続税の申告書の作成の依頼を受けた際，過半数の事例において，具体的な遺産の分割方法は決定されていない（上記(4)）。その多くは相続税申告書提出時までに遺産分割協議等を経て，遺産分割協議書を添付して申告書を提出しているが，未分割のまま申告書を提出するものも多く見受けられる。このため，本章においては，(4)の内容を中心に説明を進める。

Ⅱ 遺産分割未了の場合の 相続税法上の取扱い

1 課税価格計算，申告及び納税

相続税の申告期限までに遺産分割が未了となる場合には，(1)未分割遺産に対する課税（相法55）に基づき相続税の課税価格計算を行い，その内容に基づき(2)相続税の申告（相法27）及び納付（相法33）を行うこととなる。

また，(3)その後に遺産の分割が行われた等の場合において，分割後の課税価格が当初申告の課税価格と異なる等のときには，遺産分割の内容に基づいて相続税の課税価格を計算し，当該計算内容に基

づき相続税法の特則事由に基づく期限後申告書（相法30①），修正申告書（相法31①）を提出し，又は相続税法32条等[1]に基づく更正の請求を行うことができる。

(1) 未分割遺産がある場合の相続税の課税価格計算

① 取扱いの内容

相続税の申告書を提出する場合において，財産が共同相続人等により分割されていないときには，各共同相続人等が民法の規定による相続分又は包括遺贈の割合に従って財産を取得したものとして相続税の課税価格を計算する（相法55）。

② 相続税法55条でいうところの財産

民法上，相続財産には積極財産のみでなく消極財産（債務）も含まれるが，相続税法では積極財産のみを財産として定め，消極財産は債務として債務控除の規定を設けている（相法13）。このことから，相続税法55条でいうところの財産も積極財産のみと解されている[2]。なお，債務について負担者及び負担額が未定の場合には，民法900条から902条までの規定による相続分又は包括遺贈の割合に応じて相続人・包括受遺者の債務控除の金額を計算する（相基通13－3）。

③ みなし相続・遺贈財産の取扱い

相続税法55条の規定により相続税の課税価格を計算する場合において，被相続人が保険料を負担した生命保険金や死亡退職金などのみなし相続・遺贈財産がある場合には，民法に規定する相続分又は

包括遺贈の割合に応じて計算した各人ごとの本来の相続財産の取得金額に，これらのみなし相続・遺贈財産の価額を加算して相続税の課税価格を計算する（相基通55－2）。

また，相続税の申告書を提出する時までに遺産分割が未了であったとしても，相続人の取得する生命保険金や死亡退職金などのうち一定額については，相続税の非課税財産とされる（相法12①五・六）。

④　民法の規定による相続分

相続税法55条でいうところの民法の規定による相続分とは，民法900条（法定相続分）から902条（遺言による相続分の指定）まで及び903条（特別受益者の相続分）に規定する相続分をいう（相基通55－1）。ただし，実務上は民法900条及び民法901条（代襲相続分）を基に考えるケースが多い。

民法903条については，特別受益のうち個々の贈与について税理士がその特別受益性を判断するのは難しく，また，以下の理由により実務上は特別受益を考慮せずとも，相続税を計算する上での弊害は少ないと考えられる。

・特別受益を加味せずとも課税価格の合計額は変わらない。また，未分割財産については配偶者に対する相続税額の軽減などの各種特例の適用を受けることができないため，各相続人等全員が納付する相続税の合計額は，特別受益を加味せずとも変わらない。
・仮に遺産分割が確定し，後述の期限後申告，修正申告，更正の請求を行えば，最終的には各人ごとのあるべき税額に是正される。

(2) 相続税の申告及び納税

　各人の相続税の課税価格の合計額が遺産に係る基礎控除額を超え，配偶者に対する相続税額の軽減を除く各種税額控除を適用してもなお納付すべき相続税額がある場合には，相続税の申告書を提出するとともに（相法27），その提出期限までに相続税の納付を行う必要がある（相法33）。

(3) 遺産の分割が行われた場合

　遺産の分割が行われた等の場合において，当初申告の相続税の課税価格とその後の課税価格が異なる等のときには，その遺産分割の内容を基に相続税法に定める特則事由に基づく期限後申告書（相法30①），修正申告書（相法31①）を提出し，又は，相続税法32条等に基づく更正の請求を行うことができることとされている。

Ⅲ 遺産分割未了の場合に　影響を受ける規定

　遺産分割が未了の場合，各種相続税関連の特例の適用を受けることができない。これについては，次に記した(1)所定の手続を経ることにより，遺産が分割された際には適用を受けることのできる特例と，(2)相続税の申告期限までに分割されていない遺産については適用を受けることのできない特例に二分される。

　したがって，相続税の申告期限までに遺産分割が未了と見込まれる場合には，後述Ⅳに掲げる手続の準備を行う必要がある。また，

⑵に掲げる特例の適用を希望するクライアントにおいては，未分割の場合には特例の適用を受けることができないため，早期に，遺産分割協議を成立させる必要がある旨を，事前に伝える必要がある。

⑴　所定の手続を経ることにより，遺産分割後に適用を受けることのできる特例

・配偶者に対する相続税額の軽減（相法19の2）
・小規模宅地等についての相続税の課税価格の計算の特例（措法69の4）
・特定計画山林についての相続税の課税価格の計算の特例（措法69の5）

⑵　特例の対象となる財産が相続税の申告期限までに分割されていない場合には適用を受けることのできない特例

・物納（相法41②，相令18①一ロ，相規21②⑪）
・農地等についての相続税の納税猶予及び免除等（措法70の6⑤）
・山林についての相続税の納税猶予及び免除（措法70の6の6⑧）
・特定の美術品についての相続税の納税猶予及び免除（措法70の6の7⑦）
・個人の事業用資産についての相続税の納税猶予及び免除（措法70の6の10⑦）
・非上場株式等についての相続税の納税猶予及び免除（措法70の7の2⑦，70の7の6⑤）
・医療法人の持分についての相続税の納税猶予及び免除（措法70の

7の12④)

Ⅳ 特例の適用を受けるための手続

　前述のとおり，Ⅲ(1)に掲げる特例（配偶者の税額軽減，小規模宅地等の特例）は，所定の手続を経ることにより遺産分割が行われた際にはその分割された財産について特例の適用を受けることができる。この手続について，以下の時点・場合別に説明する（図表3－1，3－4，3－5参照）。

(1)　期限内申告書の提出時

(2)　申告期限から3年以内に遺産分割が行われた場合

(3)　申告期限から3年以内に遺産分割が行われなかった場合

(4)　申告期限から3年経過後に遺産分割が行われた場合

図表3－1　特例の適用を受ける場合の未分割申告の流れ

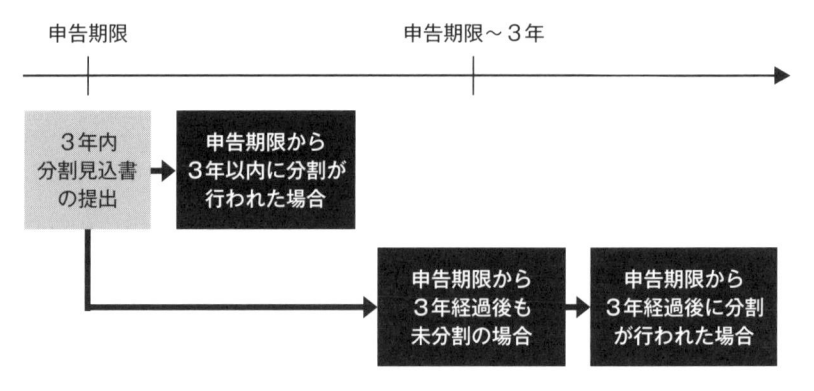

(1) 期限内申告書の提出時

　相続税の申告期限においても遺産が未分割であることが見込まれる場合には，相続税の申告書に「申告期限後３年以内の分割見込書」を添付し提出する（相法19の２③，措法69の４⑦，69の５⑨）。

　なお，申告期限後３年以内の分割見込書を添付しないことについてやむを得ない事情があると認められる場合には，後日の提出も可能である（相法19の２④，措法69の４⑧，69の５⑪）。

(2) 申告期限から３年以内に遺産分割が行われた場合

　遺産分割が行われた場合，相続税の計算においては次の２点について影響を受けることとなる。
① 多くの場合，各人の課税価格が変動し相続税額にも変動が生じる。
② Ⅲ(1)に掲げる特例を適用した結果，納付すべき相続税額が減少する。

　申告期限から３年以内に遺産分割が行われた場合，相続税申告において必要となる手続は図表３－２のとおりとなる。

図表３−２　未分割申告後に遺産分割が行われた場合の手続

相続人等	必要となる手続	期限	留意点
遺産分割の結果，新たに相続税の申告書を提出すべきこととなった者	期限後申告書の提出（相法30①）	すみやかに	―
遺産分割の結果，当初申告よりも相続税の納税額が増えた者	修正申告書の提出（相法31①）	すみやかに	―
遺産分割の結果等により，当初申告よりも相続税の納税額が減った者	更正の請求（相法32等）	遺産が分割されたことを知った日の翌日から原則４か月以内❸	期限を徒過した場合，更正の請求はできなくなる

⑶　申告期限から３年以内に遺産分割が行われなかった場合

　相続税の申告期限から３年経過後，遺産が未分割の場合の対応は，遺産が未分割であることについて，やむを得ない事由があるか否かにより異なる。

　この場合の「やむを得ない事由」とは，単に遺産分割協議がまとまっていないといった場合は「やむを得ない事由」に該当しない。

　「やむを得ない事由」の具体的な内容は相続税法施行令４条の２第１項各号に掲げられており，代表的な事由としては以下のようなものがある。

・相続又は遺贈に関する訴えの提起がされている場合（相令４の２①一）

・相続又は遺贈に関する和解，調停，又は審判の申立てがされている場合（相令４の２①二）

①　申告期限から３年以内に遺産分割が行われなかったことについて，やむを得ない事由がない場合

この場合には，Ⅲ(1)に掲げる特例を適用できないこととなる。したがって，申告期限から3年を経過する日が近づいており，かつ，「やむを得ない事由」がなく，遺産分割が未了のクライアントについては，このことを事前に伝え，早期に遺産分割を行うことを勧奨すべきであろう。

② 　申告期限から3年以内に遺産分割が行われなかったことについて，やむを得ない事由がある場合

　この場合には，申告期限から3年を経過する日の翌日から2月を経過する日までに「遺産が未分割であることについてやむを得ない事由がある旨の承認申請書」に，図表3－3に掲げるやむを得ない事由に応じた書類を添付し，相続税の納税地を所轄する税務署長に提出する（相規1の6②一・二）。

図表3－3　やむを得ない事由に応じた添付書類

やむを得ない事由	添付する書類
相続又は遺贈に関する訴えの提起がされていること	訴えの提起がされていることを証する書類（訴状及び相続税の申告期限から3年を経過する日においても裁判が継続していることが分かる書類）
相続又は遺贈に関する和解，調停又は審判の申立てがされていること	これらの申立てがされていることを証する書類（調停等の申立てに関する書面及び相続税の申告期限から3年を経過する日においても調停等が継続中であることが分かる書類）

　なお，3年を経過する日の翌日から2か月を経過する日までに遺産が未分割であることについてやむを得ない事由がある旨の承認申請書の提出を失念した場合，Ⅲ(1)に掲げる特例を適用できないこととなるため注意を要する。

(4)　申告期限から３年経過後に遺産分割が行われた場合

　更正の請求，修正申告書・期限後申告書の提出など，Ⅳ(2)に掲げる手続と同様の手続を行う必要がある。なお，相続税法32条等に基づく更正の請求を行う場合には，遺産が分割をされたことを知った等の日の翌日から原則として４か月以内に更正の請求を行う必要がある点に留意する。

図表3−4　未分割申告の全体像

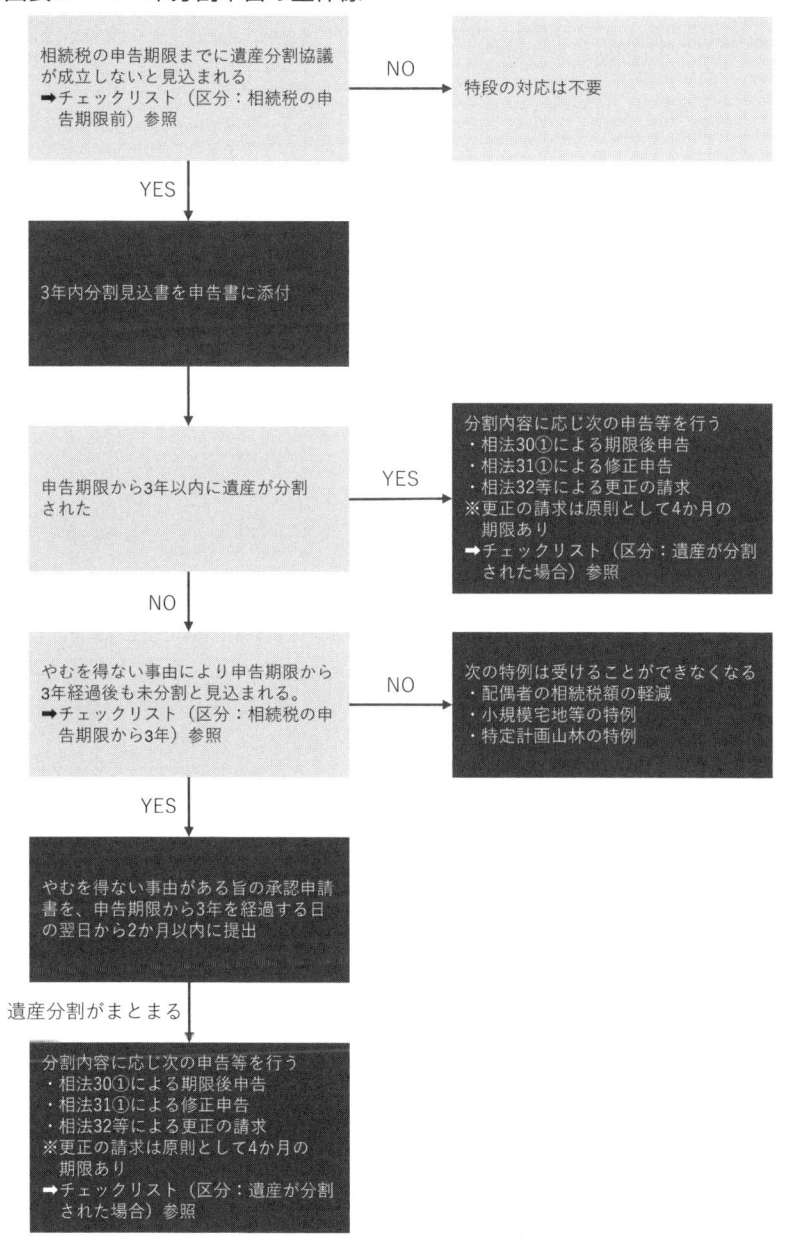

相続税の申告期限までに遺産分割協議が成立しないと見込まれる
➡チェックリスト（区分：相続税の申告期限前）参照

　NO →　特段の対応は不要

YES ↓

3年内分割見込書を申告書に添付

↓

申告期限から3年以内に遺産が分割された

　YES →　分割内容に応じ次の申告等を行う
・相法30①による期限後申告
・相法31①による修正申告
・相法32等による更正の請求
※更正の請求は原則として4か月の期限あり
➡チェックリスト（区分：遺産が分割された場合）参照

NO ↓

やむを得ない事由により申告期限から3年経過後も未分割と見込まれる。
➡チェックリスト（区分：相続税の申告期限から3年）参照

　NO →　次の特例は受けることができなくなる
・配偶者の相続税額の軽減
・小規模宅地等の特例
・特定計画山林の特例

YES ↓

やむを得ない事由がある旨の承認申請書を、申告期限から3年を経過する日の翌日から2か月以内に提出

遺産分割がまとまる ↓

分割内容に応じ次の申告等を行う
・相法30①による期限後申告
・相法31①による修正申告
・相法32等による更正の請求
※更正の請求は原則として4か月の期限あり
➡チェックリスト（区分：遺産が分割された場合）参照

図表３－５　未分割申告に係るチェックリスト

区分	確認項目	担当	所長
相続税の申告期限前	未分割財産については、配偶者に対する相続税額の軽減・小規模宅地等の特例等の適用を受けられないこととなるが、相続税の納税財源の検討を行っているか？	㊞	㊞
	特例の対象となる財産が未分割の場合には適用を受けることのできない次の特例について、クライアントが特例適用を希望する場合にはその旨を案内しているか？ ・物納 ・農地等についての相続税の納税猶予及び免除等 ・山林についての相続税の納税猶予及び免除 ・特定の美術品についての相続税の納税猶予及び免除 ・個人の事業用資産についての相続税の納税猶予及び免除 ・非上場株式等についての相続税の納税猶予及び免除 ・医療法人の持分についての相続税の納税猶予及び免除	㊞	㊞
	申告期限後3年以内の分割見込書を作成しているか？	㊞	㊞
相続税の申告期限から3年	相続又は遺贈に関する訴えの提起、和解・調停・審判等による未分割か？（単に遺産分割がまとまっていない場合には、配偶者の相続税額の軽減・小規模宅地等の特例等の適用を受けられないこととなる。）	㊞	㊞
	訴状又は調停等の申し立てに関する書類、申告期限から3年を経過する日においても裁判・調停等が継続中であることが分かる書類は入手できているか？	㊞	㊞
遺産が分割された場合	遺産が分割されたことを知った日の翌日から4か月以内に、更正の請求を行っているか？	㊞	㊞
	配偶者に対する相続税額の軽減については、上記の内容にかかわらず①遺産が分割されたことを知った日の翌日から4か月を経過する日と②相続税の申告期限から5年を経過する日のいずれか遅い日までの期間、更正の請求を行うことができるがよいか？	㊞	㊞
	遺産分割の結果、新たに相続税額が生じた者については期限後申告を、当初申告よりも納付すべき相続税額が増えた者については修正申告をすみやかに行っているか？	㊞	㊞
未分割財産に賃貸不動産が含まれる場合	相続人について、次の届出・申請の検討を行っているか？ ・個人事業の開廃業等届出書 ・青色申告承認申請書 ・事業税の事業開始等申告書 ・消費税課税事業者届出書（相続・合併・分割等があったことにより課税事業者となる場合の付表の添付が必要） ・適格請求書発行事業者の登録申請書 ・消費税簡易課税制度選択届出書	㊞	㊞

Ⅴ 実務上の留意点

　申告期限までに遺産分割が未了の場合において税理士が注意すべき実務上の留意点としては，次の(1)各種期限の管理及び(2)各種届出・申請の管理がある。

(1)　各種期限の管理

　申告期限までに遺産分割が未了の場合に特に注意すべき点は，①遺産が分割されたことによりⅢ(1)に掲げる特例が適用可能となり，これにより行う場合の更正の請求の期限，②相続税の申告期限から３年経過時点においてやむを得ない事由により未だ遺産分割未了の場合の手続の期限の２点であろう。

　①については，相続税法32条等による更正の請求となり，遺産が分割されたことを知った日の翌日から原則として４か月以内（配偶者に対する相続税額の軽減については⑧遺産が分割されたことを知った日の翌日から４か月を経過する日と⑤相続税の申告期限から５年を経過する日のいずれか遅い日までの期間）に更正の請求を行う必要がある。また，②については，相続税の申告期限の翌日から３年を経過する日の翌日から２か月以内にやむを得ない事由がある旨の承認申請書を提出する必要がある。

　これらのいずれの手続を失念した場合，遺産分割後にⅢ(1)に掲げる特例の適用を受けることができない。このため，税理士側としてはこの点に関する説明を確かに行ったことを記録に残す必要がある。未分割申告の場合，事後のクライアントと税理士との間の争いを未

然に防止するため，例えば，図表3－6のような内容を記載した書面を相続人・受遺者全員に交付し各人から署名をもらうことも一考に資するものと考えられる。

図表3－6　未分割申告を行う場合の確認事項

- ・未分割で相続税の申告を行うこと。
- ・未分割申告の場合には，各種特例を適用できないこと。
- ・相続税の申告期限から3年を経過する日において，やむを得ない事由無しに遺産分割未了の場合には各種特例の適用を受けられなくなること。
- ・申告期限から3年を経過する日において，やむを得ない事由により遺産分割未了の場合には，3年を経過する日の翌日から2か月以内にやむを得ない事由がある旨の承認申請書を提出する必要があること。
- ・遺産分割が行われ，各種特例の適用を希望する場合には，その分割等が確定した日の翌日から4か月以内に更正の請求を行う必要がある。このため，遺産分割が行われたことを知った場合には速やかに税理士に連絡する必要があること。
- ・相続人等が税理士への連絡を失念し，各種特例の適用を受けられない場合，その責任は相続人等にあること。

　また，これらの確認を行ったとしても，相続人等が税理士への連絡を失念する可能性もある。相続税法32条等による更正の請求の期限は遺産が分割されたことを知った日の翌日から原則として4か月以内であることを考えると，未分割の相続税申告を行ったクライアントに対しては例えば3か月ごとに定期的に状況を確認するといっ

た対策を行うとより確実であろう。

(2)　各種届出・申請の管理

　被相続人が事業を営んでいた場合，たとえ遺産が未分割であったとしてもその事業から生ずる売上は事業を承継した特定の相続人に帰属させるケースが多い。

　この場合，図表3−7に掲げる所得税及び図表3−8消費税に係る各種届出・申請の手続を行う必要が生じる。

　なお，被相続人が不動産賃貸業を営んでいた場合において，賃貸不動産が未分割であるときには，その賃料収入は遺産分割が確定するまでの間「各共同相続人がその相続分に応じて分割単独債権として確定的に取得する」こととなる❹。この場合，賃貸不動産の分割が未了の場合にはその賃料収入が各共同相続人に配分されるものとして，共同相続人全員に係る各種届出・申請の手続を行っておく必要があろう。

図表３－７　相続人の所得税等関連手続

提出書類・手続名	根拠条文	提出期限・手続期限	提出先
個人事業の開廃業等届出書	所法229	相続開始があった日から１か月以内	相続人の納税地所轄税務署
青色申告承認申請書	所法144	《被相続人＝青色申告の事業を相続人が承継する場合》 ・死亡日＝１月１日～８月31日　死亡日から４か月以内 ・死亡日＝９月１日～10月31日　死亡年の12月31日 ・死亡日＝11月１日～12月31日　翌年２月15日 《上記以外の場合》 ・業務開始日＝１月１日～１月15日…業務開始年の３月15日 ・業務開始日＝１月16日～12月31日…業務開始日から２か月以内	相続人の納税地所轄税務署
事業税の事業開始等申告書	各都道府県税条例	各都道府県ごとに異なる	相続人の住所地所管の都道府県税事務所

図表３－８　相続人の消費税関連手続

提出書類・手続名	根拠条文	提出期限・手続期限	提出先
消費税課税事業者届出書，相続・合併・分割等があったことにより課税事業者となる場合の付表	消法57①一	すみやかに	相続人の納税地所轄税務署
適格請求書発行事業者の登録申請書	消法57の２②，消令70の２，消基通１-７-４	相続開始翌日から４か月を経過する日	相続人の納税地管轄のインボイス登録センター
消費税簡易課税制度選択届出書	消法37①，消令56①二	相続開始年の12月31日（課税期間短縮を行っている場合を除く）	相続人の納税地所轄税務署

消費税についてはインボイス制度が導入されたことにより注意が必要である。特に，次の要件を満たす場合には，各共同相続人はみなす措置により最長で被相続人の死亡日の翌日から4か月を経過する日までの間（以下「みなし登録期間」という。），消費税の納税義務者となり（消法57の3③），当該みなす措置の適用を受ける場合には，共同相続人ごとに簡易課税制度選択の要否を検討する必要がある。

（みなす措置が適用される要件）

・2023年10月1日以降に相続開始

・被相続人が適格請求書発行事業者の登録を受けていた

・適格請求書発行事業者の登録を受けていない相続人が，被相続人の営んでいた事業を承継

　また，みなし登録期間中は被相続人の登録番号を使用して適格請求書を発行することが可能であるが，みなし登録期間終了後は，被相続人の登録番号を使用しての適格請求書を発行することはできなくなる。したがって，不動産の賃借人の中に適格請求書の発行を要する者がいる場合，このみなし登録期間中に，共同相続人全員が適格請求書発行事業者の登録申請を行う必要がある。

図表3-9　相続関連の主な手続一覧

相続開始前の対策	タックスプランニング策定 ・関係者とその意向の把握 ・財産状況の把握 ・財産状況・意向等に応じたタックスプランニング策定 タックスプランニングの実行 ・生前贈与等の対策を実行 ・受贈財産の運用等	
相続開始前7年以内	【相続税】生前贈与加算期間の開始	
相続開始		【所得税】 ・個人事業の開業・廃業等届出書の提出 ・青色申告承認申請 ・給与支払事務所等の開設届出 ・青色事業専従者給与届出
3か月	【民法】相続放棄・限定承認の申述	
4か月	【所得税・消費税】準確定申告 【消費税】相続人の適格請求書発行事業者の登録申請	
5か月	【相続税／事業承継税制】後継者への代表権付与	
8か月	【相続税／事業承継税制】円滑化法の認定申請	
10か月	【相続税】申告・納税期限	
1年	【民法】遺留分侵害額請求の期限（別途、10年の時効の定めあり）	
相続税の申告期限後、3年を経過する日の翌日～2か月以内	【相続税】遺産が未分割であることについてやむを得ない事由がある旨の承認申請	
分割確定から4か月以内	【相続税】相続税法32条等に定める事由による更正の請求期限	

---

❶ 遺産分割により配偶者に対する相続税額の軽減の適用に伴い相続税額が減少する場合は，相続税法32条による更正の請求のほか国税通則法23条による更正の請求が可能である（相基通32-2）。以下，本章において同じ。

❷ 武藤健造編『コンメンタール相続税法Digital』法55条解説2（第一法規）

❸ 配偶者に対する相続税額の軽減については，遺産が分割されたことを知った日の翌日から4か月以内か，国税通則法23条に基づく相続税申告書の提出期限から5年を経過する日のうちいずれか遅い日まで可能（相基通32-2）。

❹ 平成17年9月8日最高裁判所第一小法廷

土地の交換・買換え等をした 場合

1. 相続により取得した資産を相続の開始があった日の翌日から相続税申告書の提出期限の翌日以後３年を経過する日までに譲渡した場合は，支払った相続税の一部を取得費に加算することができる。

2. 相続等により取得した財産は，その取得日，取得価額等を引き継ぐ。

3. 譲渡所得の特例によっては，取得時期や取得価額について譲渡者等の取得時期・価額を引き継ぐ特例，引き継がない特例，また，３年に一度しか受けることができない特例などがあり，その管理が必要である。

4. 譲渡の日については納税者の選択で契約締結日とすることができるが，一度申告するとそれを変更することはできない。

5. 以上のことから，相続，交換，買換え等により資産を取得した場合には，その管理が必要となる。

Ⅰ はじめに

　譲渡所得は，一般的に毎年発生するものではない。ただし，譲渡所得が発生した際には，取得時期や取得価額の確認が必要となり，また譲渡時期，譲渡価額や適用した特例条項のように継続的な管理が必要となるものがある。

　本章では，譲渡所得を，その構成要素ごとの留意点及び特に継続的な管理が必要となる分離課税の対象となる土地や建物等の譲渡に焦点を当て解説する。

Ⅱ 譲渡所得の基礎

1 譲渡所得とは

　譲渡所得とは，資産の譲渡による所得をいい（所法33①），棚卸資産，準棚卸資産，営利を目的とする継続売買に係る資産，山林及び金銭債権を除く一切の資産の譲渡のことをいう（所法33②）。

2 譲渡所得の区分

　譲渡所得は，総合課税の対象となるものと，分離課税の対象となるものとに分かれている。

　総合課税の対象となるものは，分離課税の対象となる土地建物等や株式を除く資産の譲渡であり，事業所得や給与所得等の他の所得と合算して所得の計算が行われ，累進税率で税額が計算される。

　一方，分離課税の対象となるものは，土地建物等や株式の譲渡で

あり（図表4-1参照），他の所得と区分し所得や税額の計算が行われる。

図表4-1　分離課税の対象となる土地建物等

土地等	土地
	土地の上に存する権利 （地上権，土地賃借権，借地権，地役権，永小作権，耕作権など）
建物等	建物
	建物附属設備 （冷暖房設備，照明設備，昇降機などの建物付属設備（所令6一））
	構築物 （貯水池，煙突その他土地に定着する設備又は工作物（所令6二））

(措通31・31共-1)

3 分離譲渡所得等（土地建物等）の計算

分離譲渡所得及びその所得税額の計算は以下のとおりである。

> 分離譲渡所得金額ⓐ＝収入金額－（取得費＋譲渡費用）－特別控除額

> 分離譲渡所得金額に対する所得税額
> ＝分離譲渡所得金額ⓐ×税率（15％・30％）

Ⅲ　収　入　金　額

1 原　　　則

収入金額に算入すべき金額は，別段の定めがあるものを除き，その年において収入すべき金額である（所法36①）。

土地建物等に係る譲渡所得においては，通常は土地や建物の譲渡

の対価として買主から受け取る金銭の額のことを指す。

2 固定資産税の清算金

　取引慣行として，譲渡に際して未経過期間に対応する固定資産税相当額を受領した場合，当該金額は，譲渡の所得の収入金額となる。

　固定資産税の納税義務者は1月1日現在の所有者だが，年の中途において譲渡した場合，譲渡後の日数に対応する固定資産税相当額は譲渡人である1月1日現在の所有者が負担すべき固定資産税ではないため，譲渡に際して清算が行われる場合がある。

　例えば，年額120,000円の固定資産税を生ずる不動産を3月31日に売却した場合，売主負担となる固定資産税は120,000円×3か月/12か月＝30,000円，買主負担となる固定資産税は120,000円×9か月/12か月＝90,000円である。

　すなわち，買主から売主へと90,000円の固定資産税の清算が行われることとなるが，当該90,000円は固定資産税の清算金として，譲渡所得の収入金額に含まれる。

3 実測精算金

　譲渡所得の収入金額は，売買契約書に記載の金額をもとに計算を行う。

　なお，売買契約書記載金額は，一般的に，登記簿上の面積である公簿面積をもとに計算されている。この場合，実測面積と公簿面積との間の相違に対し，精算を行うかどうかを取り決めることがある。

　精算を行うか否かは，通常は契約書の特約条項に記載されている。精算を行った場合における当該精算金は，譲渡収入金額に含まれる。

上記**2**固定資産税の清算金，及び**3**実測精算金は実務上漏れやすい収入金額となっているため，売買契約書を確認するときは十分注意が必要である。

Ⅳ 取 得 費

1 原則（所法38①②）

　取得費には，譲渡した土地や建物の購入費用，建築代金のほか，設備費や改良費が含まれる。

　取得費に含まれる主なものは次のとおりである。

(ア)　土地や建物を購入（贈与，相続又は遺贈による取得も含む。）したときに納めた登録免許税（登記費用も含む。），不動産取得税，特別土地保有税（取得分），印紙税

(イ)　借主がいる土地や建物を購入するときに，借主を立ち退かせるために支払った立退料

(ウ)　土地の埋立てや土盛り，地ならしをするために支払った造成費用

(エ)　土地の取得に際して支払った土地の測量費

(オ)　所有権などを確保するために要した訴訟費用

(カ)　建物付きの土地を購入して，その後おおむね1年以内に建物を取り壊すなど，当初から土地の利用が目的であったと認められる場合の建物の購入代金や取壊しの費用

(キ)　土地や建物を購入するために借り入れた資金の利子のうち，その土地や建物を実際に使用開始する日までの期間に対応する部分の利子

（ク） 既に締結されている土地などの購入契約を解除して，他の物件を取得することとした場合に支出する違約金

　なお，譲渡資産が建物など使用や期間の経過によって価値が減少する資産である場合，上記金額の合計額から「償却費相当額」を控除した金額が取得費となる。

2 概算取得費（措法31の4，措通31の4-1）

　譲渡した土地建物が先祖伝来のものである場合や買い入れた時期が古い場合等，取得費が分からない場合には，譲渡収入金額の5％相当額を取得費とすることができる。
　なお，概算取得費は，取得費が不明の場合に限らず，実際の取得費が譲渡収入金額の5％に満たない場合でも適用することができるものと解されている。

3 相続等により取得した場合

（1）　限定承認以外の場合（所法60①）

　相続等（限定承認以外の相続，遺贈，贈与をいう。以下同じ。）により取得した譲渡所得の基因となる資産は，相続人等（相続人，受遺者，受贈者をいう。以下同じ。）が引き続き所有していたものとみなされる。つまり，資産の取得価額は被相続人等（被相続人，贈与者をいう。以下同じ。）が取得した時の価額を引き継ぐこととなる。
　したがって，被相続人等が所有していた期間に生じた資産の値上がり益は相続人等が当該資産を譲渡したときにはじめて実現し，値

上がり益の通算額に対して課税される。

　ただし，負担付贈与については，贈与時に通常の取引価額を用い
て課税されることから，受贈者がその資産を譲渡した場合には，取
得費は受贈時の通常の取引価額となり，贈与者の取得価額を引き継
がないこととなる。

(2)　限定承認の場合（所法59①）

　一方，限定承認により相続財産を取得した場合，被相続人から相
続人等に対して譲渡があったものとみなされる。つまり，被相続人
の譲渡所得が相続開始時点において時価（通常の取引価額）で課税
されており，その財産を取得した相続人等は時価で財産を取得した
ことになるため，相続人等が将来，当該相続財産を譲渡する場合の
取得価額は，相続時の時価（通常の取引価額）によることとなる。

4 相続財産を譲渡した場合（措法39①）

(1)　概　　　要

　相続等により取得した財産を相続の開始があった日の翌日から相
続税申告書の提出期限の翌日以後3年を経過する日までに譲渡した
場合，譲渡した財産に対する相続税額を譲渡所得の取得費に加算で
きる特例がある。
　つまり，支払った相続税の一部を譲渡所得の取得費に加算するこ
とにより譲渡所得を圧縮することができるため，相続等で取得した
財産を売却する際には，適用漏れがないかの確認が必要である。

(2) 適 用 要 件

　なお，当該特例を適用するための要件は以下のとおりである。

　㋐　相続等により財産を取得していること

　㋑　相続税を納付していること

　㋒　相続の開始があった日の翌日から相続税申告書の提出期限の
　　翌日以後3年を経過する日までに譲渡していること

(3)　計算（措令25の16①）

　取得費に加算できる金額は以下のとおりである。

$$\text{譲渡者の相続税額} \times \frac{\text{譲渡者の譲渡した資産の課税価格}}{\text{譲渡者の相続税の課税価格}+\text{譲渡者の債務控除額}}$$

5 交換・買換えの場合

(1)　概　　　要

　固定資産の交換特例や特定の居住用財産の買換え・交換特例等の
特例制度（以下，買換え等の特例という。）とは，交換や買換えが
行われた時点では譲渡がなかったものとみなされ，譲渡益に対する
課税が繰り延べられる制度である。

　つまり，本特例を用いた場合，譲渡時においては譲渡所得税の課
税は行われないものの，譲渡資産の取得価額を買換資産に引き継ぐ
ことにより，将来買換資産を譲渡した時点で繰り延べられていた譲
渡益も含めてまとめて課税が行われることとなる。

　買換え等の特例には様々な種類があり，特例ごとに取得日の引継

ぎの有無，取得価額の引継ぎの有無が異なるため，いつ，どの特例を用いたかの管理が必要となる。

　主な買換え等の特例の取得日の引継ぎの有無，取得価額の引継ぎの有無は図表4－2のとおりである。

図表4－2　買換え等の特例の取得日・取得価額の引継ぎの有無

No.	特例	条文	取得日の引継ぎ	取得価額の引継ぎ
1	固定資産の交換の特例	所法58	○	○
2	収用等の代替特例	措法33	○	○
3	交換処分等特例	措法33の2	○	○
4	換地処分等特例	措法33の3	○	○
5	居住用財産の買換え特例	措法36の2	×	○
6	居住用財産の交換特例	措法36の5	×	○
7	事業用資産の買換え特例	措法37	×	○
8	事業用資産の交換特例	措法37の4	×	○
9	立体買換え特例	措法37の5	×	○
10	特定の交換分合の特例	措法37の6	○	○
11	特定普通財産と隣接する土地等の交換特例	措法37の8	×	○
12	居住用財産の買換え等の譲渡損失の特例	措法41の5	×	×

○：引継ぎあり，×：引継ぎなし

(2)　留　意　点

　クライアントの意識としては，買換え等の特例適用により譲渡所得に係る所得税が無税になったと考える者が少なくない。しかし，買換え等の特例を適用することは譲渡所得に係る所得税が無税となることではなく，同じ資産を次回譲渡した際には買換え等前の資産

を継続して所有していたものと見なされる課税の繰延べであること
を説明し，理解を得る必要がある。

　また，課税の繰延べである以上，将来的には課税が行われるもの
の，買換資産の譲渡が数十年後と相当な期間が経過することも想定
される。特に，買換資産を購入した者が死亡した後その相続人がそ
の買換資産を譲渡する場合など，買換え等の特例を適用していたこ
とを失念しやすい。

　したがって，買換え等の特例を適用した場合，その<u>継続的な管理</u>
を行うとともに，その者の相続が発生した場合にはその相続人に対
し，買換え等の特例の適用に関する情報の引き継ぎを行う必要があ
る。

　なお，もし管理資料を紛失しており買換え等の特例を適用してい
たか不明の場合，買換資産の所在地を管轄する税務署は買換え等の
特例を適用して申告した事実を「取得価額引継整理票」という書類
で保管しているため，閲覧サービスを利用するなどして照会を行い，
特例の適用の有無を確認することが有用である。

Ⅴ　譲　渡　費　用

　譲渡所得の計算において譲渡費用として控除できる支出としては，
その譲渡のために直接要した費用であり，譲渡費用の主なものは次
のとおりである（所基通33-7）。
　㋐　土地や建物を売るために支払った仲介手数料
　㋑　印紙税で売主が負担したもの
　㋒　貸家を売るため，借家人に家屋を明け渡してもらうときに支

払う立退料

(エ) 土地などを売るためにその上の建物を取り壊したときの取壊し費用とその建物の損失額

(オ) 既に売買契約を締結している資産をさらに有利な条件で売るために支払った違約金

(カ) 借地権を売るときに地主の承諾をもらうために支払った名義書換料など

Ⅵ 特別控除額

分離課税の対象となる譲渡所得の特別控除は図表4－3のとおりである。

図表4－3　分離課税譲渡所得の特別控除

No.	内容	特別控除額	条文
1	収用等により土地建物を譲渡した場合	5,000万円	措法33の4
2	マイホーム（住居用財産）を譲渡した場合	3,000万円	措法35①
3	被相続人の住居用財産（空き家）を譲渡した場合	3,000万円	措法35③
4	特定土地区画整理事業等のために土地等を譲渡した場合	2,000万円	措法34
5	特定住宅地造成事業等のために土地等を譲渡した場合	1,500万円	措法34の2
6	平成21年及び平成22年に取得した土地等を譲渡した場合	1,000万円	措法35の2
7	農地保有の合理化等のために農地等を譲渡した場合	800万円	措法34の3
8	低未利用土地等を譲渡した場合	100万円	措法35の3

なお，その年中において2以上の特別控除の規定の適用を受ける場合，特別控除の合計額の限度額は5,000万円であることに注意が必要である（措法36）。

　また，No.2「マイホーム（居住用財産）を譲渡した場合」の3,000万円控除は，前年又は前々年に同控除を適用した場合には適用できないため，継続的な管理が必要となる。

Ⅶ　税　　　　率

　分離課税の対象となる譲渡所得の税率は図表4－4のとおりである。

図表4－4　分離課税譲渡所得の税率

課税区分	内容	譲渡所得金額に乗ずる税率	条文
分離長期一般	譲渡の年の1月1日において所有期間が5年を超える	15%（5%）	措法31①
分離長期特定	譲渡の年の1月1日において所有期間が5年を超えるもので優良住宅地の造成等のために譲渡したもの	譲渡所得金額が2,000万円までの部分：10%（4%）譲渡所得金額が2,000万円を超える部分：15%（5%）	措法31の2①
分離長期軽課	譲渡の年の1月1日において所有期間が10年を超えるもので居住用財産に該当する	譲渡所得金額が6,000万円までの部分：10%（4%）譲渡所得金額が6,000万円を超える部分：15%（5%）	措法31の3①
分離短期一般	譲渡の年の1月1日において所有期間が5年以下	30%（9%）	措法32①
分離短期軽減	譲渡の年の1月1日において所有期間が5年以下のもので国等に譲渡又は収用等で譲渡したもの	15%（5%）	措法32③，28の4③

※1.（　）書きは住民税の税率。
※2. 平成25年から令和19年までは，復興特別所得税として各年分の基準所得税額の2.1%が課税される。

Ⅷ 譲渡の日とは

1 原　　則

　譲渡所得の総収入金額の収入すべき時期は，譲渡所得の基因となる資産の引渡しがあった日である（所基通36-12）。

2 例　　外

　納税者の選択により，当該資産の譲渡に関する契約の効力発生の日により収入金額に算入して申告があったときは，これを認めるとされている（所基通36-12ただし書き）。

　つまり，契約締結日を譲渡所得の収入金額の収入すべき時期とすることができる。

　ただし，納税者が譲渡の日を契約締結日として選択して申告を行った場合，選択を変更することができない。

　例えば，契約締結日が2023年12月15日，引渡し日が2024年1月15日の場合，譲渡所得の収入金額の収入すべき時期は，原則として引渡しがあった2024年1月15日であるが，納税者の選択により契約締結日である2023年12月15日とすることができる。

　この場合，譲渡所得の収入金額の収入すべき時期を契約締結日である2023年12月15日と定め2023年分の確定申告を行った後，引渡し日である2024年に他の不動産の譲渡があり譲渡損が生じたからといって，2023年分の更正の請求，及び，2024年分の確定申告での譲渡損との損益通算を行うことはできない。

3 売買契約締結後，契約者が引き渡しの前に死亡した場合

　売買契約締結後，引き渡し前に死亡し，相続人がその引き渡しを行った場合，譲渡収入が誰に帰属するのかが問題となる。

　この場合，原則は引き渡しを行った時点が譲渡所得の収入金額の収入すべき時期であるため，相続人の所得として申告することとなる。一方，契約締結日を譲渡所得の収入金額の収入すべき時期と選択することもでき，その場合は被相続人の準確定申告として申告することとなる。

IX 取得の日とは

1 原則（所法33③，所基通33-9，36-12）

　資産の取得の日は，資産の態様により以下の図表4-5のとおりである。

図表4-5　資産の態様別による資産の取得の日

No.	資産の態様	取得の日
1	他から取得した資産	所基通36-12に準じて判定した日。 つまり，原則として資産の引渡しがあった日。 例外として，納税者の選択により契約締結日。
2	自から建設等をした資産	当該建設等が完了した日
3	他に請け負わせて建設等をした資産	当該資産の引渡しを受けた日

2 相続等によって財産を取得した場合

　相続等により財産を取得した場合は，相続人等が引き続きこれを

所有していたものとみなすため（所法60①），相続開始日や贈与日が取得の日とならないことに注意が必要である（負担付贈与による取得は除く（上記Ⅳ **3**(1)参照））。

　ただし，限定承認により財産を取得した場合は，限定承認を行った日に被相続人の債権債務を時価で清算するため，限定承認があった時が資産の取得日となることにも留意が必要である。

3 交換・買換えの場合

　買換え等の特例を適用した場合，交換や買換えが行われた時点では譲渡がなかったものとみなされ，譲渡益に対する課税が繰り延べられる（居住用財産の買換え等の譲渡損失の特例を除く。上記Ⅳ **5** 参照）。

　買換え等の特例には様々な種類があり，特例ごとに取得日の引継ぎの有無，取得価額の引継ぎの有無が異なるため，適用特例の名称，適用条文，取得日，取得価額の引継ぎの有無等の継続的な管理が必要となる。

　主な買換え等特例の取得日の引継ぎの有無，取得価額の引継ぎの有無はⅣ **5** (1)に記述したとおりである。

Ⅹ ま と め

　このように譲渡所得は毎期発生するものではないが，譲渡所得を構成する要素ごとに注意を要する事項が多々存在する。

　そのため，譲渡所得の計算を行う際はもちろんのこと，日々の業務の中でも継続的な管理を確実に行う必要がある。

XI チェックリスト

　土地の交換・買換え等をした場合のポイントをチェックリスト形式でまとめると，図表4－6のとおりとなる。

図表4－6　土地の交換・買換え等をした場合のチェックリスト

区分	確認事項	担当	所長
収入金額	売買代金以外に、実測面積での精算や固定資産税の按分清算等が行われていないか？	㊞	㊞
取得費	（1）概算取得費を使わない場合、取得の経緯（買換え等の特例を適用していないか）を確認したか？	㊞	㊞
	（2）実際の取得費が概算取得費を下回る場合は、概算取得費を取得費として計上しているか？	㊞	㊞
	（3）相続等により取得した財産については、取得時期・取得価額を引き継ぐことを確認したか？	㊞	㊞
	（4）3年10か月以内に発生した相続において不動産を取得し、相続税を支払っていないか？	㊞	㊞
	（5）買換え等の特例を行った場合、特例ごとに取得日の引継ぎの有無、取得価額の引継ぎの有無が異なることを確認したか？	㊞	㊞
	（6）過去に買換え等の特例を行ったか否か不明な場合は、閲覧サービスを利用するなどして、「取得価額引継整理票」の照会を行ったか？	㊞	㊞
特別控除額	（1）1暦年において、2以上の特別控除の規定の適用を受ける場合、特別控除の合計額の限度は5,000万円であることを確認したか？	㊞	㊞
	（2）「マイホーム（居住用財産）を譲渡した場合」の3,000万円控除を適用する前年又は前々年に同控除を適用していないか？	㊞	㊞
譲渡の日	譲渡の日とは原則として資産の引渡しがあった日だが、納税者の選択により契約締結日とすることができることを確認したか？	㊞	㊞

第 5 章

事業承継税制を適用した場合
～承継する会社の株価推移管理を含めて

1　法人版事業承継税制の適用を受けた後において留意すべき事項は，取消事由に該当又は切替申請手続不備による納税猶予の取消しであり，当事者がコントロールできる部分とコントロールできない部分がある。

2　取消事由は，その事実が生じた時点で納税猶予取消しとなることが多く，事後の対応策がほとんどないため，事前の情報共有・対応方針の決定が必要である。そのためには実務家と後継者及び対象会社との綿密なコミュニケーションが重要である。

3　同族会社の株価は，主に財産評価基本通達に基づき算定されるため，当該通達における特徴を理解し，株価が上昇する局面，下落する局面を事前に想定しておくことで計画的な承継を達成することができる。

Ⅰ はじめに

　事業を自分の代だけで終わらせず，将来にわたって会社を継続・発展させていくためには，後継者にスムーズに「事業承継」を進めることが求められている。

　事業承継は，事業を，①経営者の子を始めとした親族に承継させる「親族内承継」，②経営者の親族以外の役員，従業員などに承継させる「役員・従業員承継」，③他社への株式譲渡，事業譲渡などにより承継させる「社外への引継ぎ（M&A）」の大きく3つの類型に区分できる。

　また，事業承継には，後継者教育などを進めながら経営権を引き継ぐ「人（経営）」，自社株式・事業用資産，債権や債務などの「資産」，経営理念や取引先との人脈，技術・技能といった「知的財産」の3要素があり，これら3つの要素を，税理士による<u>継続的な管理</u>の下，計画的かつ着実に進め，円滑な承継を実現させる必要がある。

　そのため，できるだけ早いうちから取り組み始め，課題を明確にし，解決しながら，事業承継を着実に進めていくことが大事である。

　なお，事業承継においては，①後継者へ株式・事業用資産を集中的に承継し，②他の相続人にも公平に財産を分配するという2つの要素に留意する必要がある。

　このため，やはり，税理士による<u>継続的な管理</u>の下，事業承継税制の適切な活用が重要となる。

　本章では，その事業承継税制の適用に関し，<u>継続的な管理</u>の観点からの留意点について説明する。

Ⅱ 法人版事業承継税制（特例措置）適用後の流れ

　事業承継を行うに当たっては，その事業用資産・株式の引継ぎが大きな問題となる。

　法人においては保有株式の譲渡，Ｍ＆Ａなども考えられるが，子や親族などに引継ぐ場合には事業承継税制の活用を考えたいところである。

　ただし，法人版事業承継税制を適用した場合，様々な事項についての管理が必要となってくる。

　法人版事業承継税制❶を適用したのち，相続税及び贈与税の猶予税額に関する取扱いは次の図表５−１のとおりとなる。

図表５−１　法人版事業承継税制適用後の全体像

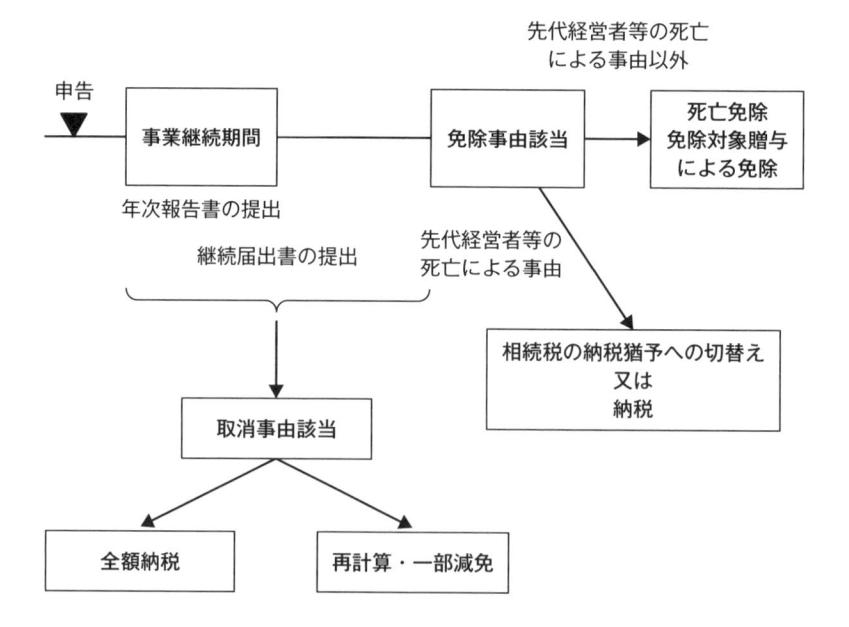

Ⅲ 税制適用後のモニタリングの重要性

　法人版事業承継税制の適用を受けた後継者は，猶予継続のための要件を充足し続ける限り，納税負担は生じず，当該後継者が死亡した時点において，納税猶予の免除事由（措法70の7⑮一ほか）に該当し，当該猶予税額は免除される。

　なお，贈与税の納税猶予（措法70の7の5）の適用を受けた後継者は，後継者の死亡前に先代経営者等が死亡した場合には，贈与税の納税猶予に関する免除事由（措法70の7⑮二ほか）に該当し，いったん猶予税額は免除される。この場合，当該後継者は「みなし相続（措法70の7の7）」の適用を受け，一定の切替確認（円滑化規13④）を受けたのち，相続税の納税猶予への切替えが可能となる（措法70の7の8）。

　したがって，後継者が納税猶予の免除を目標とする場合，後継者のとるべき行動は，「納税猶予の取消事由に該当しないこと」，及び「免除事由に該当する承継を実施」することにある。

　そのためには，税理士においても，税制適用後の後継者同族グループの状況及び適用対象会社の経済取引について，<u>継続的な管理</u>（モニタリング）を実施しなければならない。これは，贈与税の納税猶予の適用後，相続税の納税猶予に切り替える場合，切替確認が可能か否かという点でも必要とされる。

　次のⅣ以降において，法人版事業承継税制を適用した後，「取消事由」に該当しないための管理方法及び，「先代経営者等が死亡した場合の相続税の納税猶予への切替えを実施する」ための管理方法に関し，その留意点を整理する。

Ⅳ 法人版事業承継税制の取消事由と先代経営者等死亡による相続税の納税猶予への切替え

1 取消事由の内容

　法人版事業承継税制の特例措置に関する取消事由は図表5－2のとおりとなる。なお，当該税制は，租税特別措置法に基づく税務上の取消事由（期限確定事由）のほか，円滑化法規則における規定（認定取消事由）の適用も受けることになるため，両法律の要件が充足されているか否かを確認しなければならない。

　図表5－2は，取消事由の内容，該当した場合の期限確定日，該当した場合に必要な手続き，事業継続期間[2]中及びその後における猶予税額の取消額が全部であるか一部であるかを示している。

図表5－2　法人版事業承継税制の特例措置に関する取消事由

<table>
<tr><th colspan="2" rowspan="2">取消事由の内容</th><th rowspan="2">期限確定日（下記に掲げる日から2か月を経過する日）</th><th rowspan="2">手続</th><th colspan="2">事業継続期間（全部確定orー部確定）</th><th rowspan="2">根拠条文</th></tr>
<tr><th>期間中</th><th>経過後</th></tr>
<tr><td rowspan="3">贈与者・受贈者に関する要件</td><td>1</td><td>後継者が代表権を有しないこととなった場合</td><td>その有しないこととなった日</td><td>随時報告</td><td>全部</td><td>—</td><td>円滑化規9②二 措法70の7③一</td></tr>
<tr><td>2</td><td>後継者とその同族関係者の有する議決権数が50%以下となった場合</td><td>50%以下となった日</td><td>随時報告</td><td>全部</td><td>—</td><td>円滑化規9②四 措法70の7③三</td></tr>
<tr><td>3</td><td>後継者が同族関係者内で筆頭株主でなくなった場合</td><td>その筆頭株主でなくなった日</td><td>随時報告</td><td>全部</td><td>—</td><td>円滑化規9②五 措法70の7③四</td></tr>
</table>

	4	後継者が対象株式等の一部を譲渡又は贈与した場合	当該譲渡等をした日	随時報告	全部	対応部分	円滑化規9②八 措法70の7③五，⑤二
	5	後継者が対象株式等の全部を譲渡又は贈与した場合	当該譲渡等をした日	随時報告	全部	対応部分	円滑化規9②八 措法70の7③六，⑤一
	6	先代経営者等が代表権を有することとなった場合	その有することとなった日	随時報告	全部	—	円滑化規9②二十一 措法70の7③十七 措令40の8㉕四
会社に関する要件	7	対象会社が対象株式等を議決権制限株式等に変更又は制限した場合	その変更又は制限した日	随時報告	全部	—	円滑化規9②六，七 措法70の7③十七 措令40の8㉕二，三
	8	黄金株を後継者以外の者が有することとなった場合	その有することとなった日	随時報告	全部	—	円滑化規9②九 措法70の7③十七 措令40の8㉕一
	9	対象会社の株式等が非上場株式等に該当しないこととなった場合	その該当しないこととなった日	随時報告	全部	—	円滑化規9②十一 措法70の7③十五
	10	対象会社（その特定特別関係会社を含む）が風俗営業会社に該当することとなった場合	その該当することとなった日	随時報告	全部	—	円滑化規9②十一，十五 措法70の7③十六
	11	資産管理会社に該当することとなった場合	その該当することとなった日	随時報告	全部	全部	円滑化規9②十二，十三 措法70の7③九，⑤一
	12	対象会社の事業年度における主たる事業の収入金額がゼロとなった場合	当該事業年度終了の日	随時報告	全部	全部	円滑化規9②十四 措法70の7③十，⑤一
	13	合併（適格合併を除く。）により消滅した場合	その効力発生日	合併報告	全部	対応部分	円滑化規9②八 措法70の7③十二，④二，⑤三
	14	株式交換，株式移転（適格交換等を除く。）により他の会社の完全子会社等となった場合	その効力発生日	株式交換等報告	全部	対応部分	円滑化規9②八 措法70の7③十四，④二，⑤四
	15	一定の会社分割（分割型）をした場合	その効力発生日	随時報告	全部	対応部分	円滑化規9②八，二十 措法70の7③七，⑤五六

16	一定の組織変更をした場合	その効力発生日	随時報告	全部	対応部分	円滑化規9②二十 措法70の7③七, ⑤六
17	対象会社が解散をした場合	その解散をした日	随時報告	全部	全部	円滑化規9②十 措法70の7③七, ⑤五六
18	対象会社の資本金の額又は準備金の額を減少した場合	その効力発生日	随時報告	全部	全部	円滑化規9②十八, 十九 措法70の7③十一, ⑤一
手続きに関する要件 19	事業承継税制の適用をやめる旨の書類を提出した場合	その届出書の提出があった日	取消申請書 取りやめ届出書	全部	全部	円滑化規9②二十三 措法70の7③十二, ⑤一
20	年次報告書及び継続届出書などの期限内提出もれ	—	随時報告	全部	全部	円滑化規9②十六 措法70の7の5⑧
21	年次報告書及び継続届出書などの不実記載	—	随時報告	全部	全部	円滑化規9②十六 措法70の7⑫二
22	税務署長による担保変更命令不履行	—	—	全部	全部	措法70の7⑫一
雇用要件 23	雇用確保要件が満たされず一定の手続きをしなかった場合	—	特例承継計画に関する報告書	全部	—	円滑化規9②三, 二十①④

2 先代経営者等の死亡により相続税の納税猶予への切替えを検討する場合

Ⅲで述べたとおり，原則として贈与税の納税猶予の適用を受けた後継者は，先代経営者等の死亡により，贈与税額の免除を受け，選択により，相続税の納税猶予への切替えが可能になる。その「切替確認」の申請内容は，一部を除き認定申請時の要件と同様の要件を求められることとなる（措法70の7の8，円滑化規13④）。

したがって，贈与税の納税猶予の適用を受けた後継者又は認定承継会社は，贈与税の納税猶予の適用後，事業継続期間を経過したと

しても，切替申請手続き前までは，取消事由に抵触させてはならない。特に注意すべき取消事由について，図表 5 - 2 の網掛け部分として示している。

3 モニタリング下における取消事由等確認の時期

取消事由に該当した場合，原則として当該事実が生じた日から 2 か月を経過する日に納税猶予期限が到来し，猶予税額が取り消される（措法70の 7 の 5 ③，70の 7 ③〜⑤ほか）。当然のことながら上記事実に該当したのちは，納税を回避する術はなく，納税猶予を継続する上ではその可能性がある時点で，対応策を講ずる必要がある。

また，先代経営者等の死亡による相続税の納税猶予の切替手続きに関しても，相続開始は予見できないことから，同様にその可能性がある時点で，対応策を講ずることを考えるべきである。

4 モニタリング時の取消事由等に関する留意点

各取消事由は，先代経営者等，後継者に関する要件，会社自身（雇用要件を含む）に関する要件，手続きに関する要件の大きく 3 つに分類することができる。モニタリングを実施する上では，この 3 要件をさらに「税理士で対応できる要件」，「後継者・先代経営者等・会社で対応できる要件」，さらには「当事者では直接的な対応ができない要件」に分けることができる。

(1) 税理士で対応できる要件の例…書類作成，提出に関するもの

・年次報告書・継続届出書の提出
・雇用確保要件が満たされなった場合の特例承継計画に関する報

告　など

(2)　先代経営者等，後継者，会社が対応できる要件…各自身が行う
　　事象，取引

　　・代表取締役，取締役に関する異動
　　・後継者自身の株式継続保有・売却
　　・従業員確保，資産保有型・運用型会社に関する要件，組織再編
　　　成，減資等　など

(3)　(1)及び(2)では，直接的な対応ができない要件

　　・外部株主がいる場合の議決権確保要件　など
　　例えば，(2)や(3)に関して，後継者が当該要件に関する知識が有し
ていない場合，税理士への相談なく取消事由に該当してしまうこと
もある。これを回避するためには，適宜，各関係者の認識と情報共
有が必要となる。

　　一方，相続税の納税猶予への切替えについても，次の点に留意す
る必要がある。
　　・先代経営者等が同族外，又は同族ではあるが関係性の薄い親族
　　　である場合には，対象者の死亡時期が判明されないと，贈与税
　　　の免除手続き及び切替確認手続きに遅れが生じる可能性がある。
　　　特に，切替確認手続きは，相続開始日の翌日から8か月を経過
　　　する日が申請期限であるため，死亡した旨の通知が，早期に後
　　　継者に伝達される必要がある。

・外国子会社がある場合には，相続税の納税猶予額の計算上，当該外国会社株式の時価に応じた猶予税額の縮減計算が再度必要となるため（措規23の12の5⑥，23の12③，措通70の7の8-5，70の7の4-6），外国子会社の価値増加に伴う追加税負担が生じる際には，納税資金を含めて検討する必要がある。

Ⅴ モニタリング方法の検討

1 取消要件等に関する情報共有

　猶予継続を目的としている場合に必要なことは，まず，後継者及び会社と取消要件等の内容確認と該当した際のリスクを共有することである。これについては，抜けもれや，未確認事項がないように，中小企業庁，国税庁などで公表されているマニュアルを利用するなど，視覚的に共有することが望ましい。特に，上記Ⅳ **4**(2)(3)に関しては，実務家では対応しきれない部分も多く，いかに事前に察知できるかがポイントとなる。具体例として，下記のような状況では，その対応を具体的に共有，決定しておくことが重要である。

・後継者親族グループ間で議決権数50％超だが，遠縁の株主がいるなど，多数親族で株式が分散している状況などの場合
　⇒今後も50％超を議決権として確保できるかどうか。
・資産保有型・運用型会社非該当（形式要件による非該当）である適用対象会社が，資産売却，多額の融資等により，一時的に資産保有型・運用型会社に該当した場合[3]
　⇒解消が可能か。
・適用対象会社が，今後組織再編成など，グループ内の資本政策

を検討している場合

⇒猶予継続が可能か。

2 リスクヘッジ

また，上記のほか取消事由に該当する取引を行う可能性がある場合には，事前に後継者や適用対象会社が実務家に対して相談できる仕組みを設けておくことが必要である。重要な方針に関しては，予算策定の段階で確認できることもあるが，臨時的に生じたときには，税理士が即答できない状況も想定される。

したがって，照会があった際には，検討にどの程度の時間が必要とされるのかをあらかじめ伝えておくことが必要であろう。実務家とクライアントとの間で，適時図表5-3「法人版事業承継税制を

図表5-3　法人版事業承継税制の適用時及びモニタリング時のチェックリスト

区分	確認事項	担当	所長
法人版事業承継税制を適用した時点で，取消事由に該当する可能性のある論点を実務家が確認・整理したか	先代経営者等，後継者について問題となることがあるか	㊞	㊞
	会社状況で問題となることがあるか	㊞	㊞
	外部環境（株主構成等）で問題となることがあるか	㊞	㊞
贈与税の納税猶予を適用した場合には，相続税の納税猶予への切替確認の有無を検討したか	贈与税の納税猶予適用後，猶予継続を希望しているか否か	㊞	㊞
	切替確認のための要件に充足するにあたって，障害となる事象はないか	㊞	㊞
	被相続人死亡時における情報共有体制が整っているか	㊞	㊞
取消事由・免除事由について，後継者・適用対象会社と確認・事前対応策を検討したか	情報共有すべき事実がどのようなものか（取消事由）を具体的に説明し，クライアントは理解したか	㊞	㊞

	問題点について，事前対応すべき点があるか，対応する場合には弊害となることはないか	印	印
	情報共有について，どのような方法で，いつまでに伝え，実務家はいつまでに回答すべきかクライアントと確認したか	印	印
後継者・適用対象会社に対して，確認書を作成したか	実務家だけでは，すべての要件確認について対応できない点をクライアントは認識しているか	印	印
	既定の方法により情報共有されなかった場合に生じた損害は，後継者の責任にあることをクライアントは承諾したか	印	印
年次報告書，継続届出書の資料収集方法，提出期限についてスケジュールしたか	提出すべき書面，提出時期，提出方法の流れを理解しているか	印	印
	資料作成のための，資料準備案内の時期，必要となる資料を理解しているか	印	印

適用時及びモニタリング時のチェックリスト」を活用して，適切な情報共有方針を策定することが必要である。

　そして，取り決めた情報共有方針に反して，取消事由が生じた場合の責任の所在を明確にしておくこと，例えば，実務家の責任外で生じた事項に関しては免責とされる内容を記載した確認書などを作成することも実務家のリスクヘッジの面では重要である。

Ⅵ 承継する会社の株価推移による見直し

1 同族会社における株式評価の特徴

事業承継対策において，株式承継に係る移転コストは金銭負担に直接影響するうえ，数値で明確に示されることから，特に重要視されるものである。同族会社における株式の承継方法は，主に次の態様に分かれる。

イ　相続・贈与による承継

ロ　譲渡による承継（個人間売買／個人・法人間売買）

同族間における承継においては，M&Aのように対外的な利害関係者がいないため，主に，税務上において適正か否かの観点で検討することが多い。

2 類型ごとの株式評価方法

上記 **1** による承継方法を検討する上で，税務上において考慮すべき規定は次の図表5−4のとおりである。

図表5−4　承継の類型別の関連規定等

承継の類型	考慮すべき規定	参考条文等
相続・贈与	相続税法 財産評価基本通達	相続税法22 財産評価基本通達178〜189-7
譲渡（個人間売買）	同上	同上
譲渡（個人・法人間売買）	所得税法，法人税法 所得税基本通達 法人税基本通達	所得税法36①②，同法59 所得税基本通達23〜35共-9，同通達59-6 法人税法22② 法人税基本通達9-1-13，9-1-14ほか

上記は，各類型に適用される税法，通達は異なるものの，最終的には財産評価基本通達を準用している。

３ 財産評価基本通達における株式評価の特徴

　上記**２**の「財産評価基本通達」における株式評価方法の特徴は次のとおりである。

(1)　原則的評価方式と特例的評価方式の価格乖離

　原則的評価方式（類似業種比準方式・純資産価額方式）は，主に同族株主が取得[4]する株式評価に適用される。また，特例的評価方式（配当還元方式）は，非同族株主が取得する株式評価に適用される。

　したがって，事業継承による株式取得者が同族株主であるか，非同族株主であるかにより，適用される評価額に大きな乖離が生まれることとなる。

　例えば，非同族間における株式異動であれば，配当還元方式が採用されるが，同族株主が非同族株主から集約する場合には，必然的に原則的評価方式が採用される。承継対策上では株式の異動対象者が同族株主か否かで資金負担が大きく変わるため，特に株主構成が複雑である場合には，異動が生じた時ごとに，対象株主の株主区分判定を慎重に行う必要がある。

(2)　会社規模による採用株価の折衷割合の変動

　原則的評価方式は，類似業種比準方式及び純資産価額方式による

それぞれの株価を，一定の基準で判定された評価対象会社の会社規模に応ずる割合で折衷して算定される。

　会社規模は，総資産，従業員数，売上金額の3要素の組み合わせで決定される。会社規模が大きい場合には，類似業種比準方式の採用割合が純資産価額方式よりも大きくなる[5]。

　類似業種比準方式による評価額が純資産価額方式による評価額も低い傾向にある場合，従業員数や売上金額の減少により会社規模が縮小し，折衷割合が異なってしまい，当初より評価額が上昇する可能性がある。

(3) 利益堅調企業における株価上昇（純資産価額方式）

　原則的評価方式のうち純資産価額方式は，その評価方法の特徴から，毎年利益が計上されるごとに株価は上昇する仕組みとなっている。

　当該方式により株式評価額が減少する例として，多額の損失が継続的に計上される，あるいは，当初取得金額よりも時価が減少する（含み損を生じる）財産を保有している場合などがあり，下記(5)(6)に該当するケースも多く，留意が必要である。

(4) 臨時的損失等による株価変動（類似業種比準方式）

　類似業種比準方式は，類似業種の上場企業株価（類似業種株価）を根拠として，課税年の類似業種の1株当たりの「年配当金額」，1株当たりの「年利益金額」，1株当たりの「純資産価額」の3項目について評価対象会社が算出する各値（比準要素）と，類似業種

のそれぞれの比準要素を比較して計算した比準割合を乗じて算出する方式である（評基通180）。

　当該算式に基づき，例えば，役員退職金等の多額の支出が生じ，損失が生じた事業年度においては，「年利益金額」や「純資産価額」に対してマイナスの影響を与えることで，比準割合が減少するため，結果的に株価を低減させることができる。

　このほか，多額の損失が生じるような状況，又は多額の償却費が生じる投資などにおいても，同様に株価を低減させる効果がある。

(5)　特定の評価会社の株式評価

　評価対象会社が一定の状況に該当した場合には，原則的評価方式（類似業種比準方式・純資産価額方式）を採用できず，特定の評価方法を採用しなければならない（評基通189）。具体的には次の図表5 − 5のような会社である。

　この場合，純資産価額方式のみ，あるいは類似業種比準方式による株価の採用割合が，原則的評価方式に比べて小さくなるため，株価は上昇する傾向にある。

図表5−5　特定の評価会社の株式評価方法

特定の評価会社	適用を受けるケース	評価方法
比準要素数1の会社の株式 （財基通189(1)）	無配かつ，2期連続赤字（課税所得のマイナス）が生じた場合	純資産価額方式又は類似業種比準方式×25%＋純資産価額方式×75%
株式等保有特定会社 （財基通189(2)）	多額の株式等を保有した場合	純資産価額方式又はS1＋S2方式
土地保有特定会社 （財基通189(3)）	多額の土地（借地権等を含む）を保有した場合	純資産価額方式
開業後3年未満等の会社 （財基通189(4)）	会社設立など	純資産価額方式
開業前又は休業中の会社 （財基通189(5)）	休業中	純資産価額方式
清算中の会社 （財基通189(6)）	清算中	清算分配見込額（割引現在価値）

(6)　組織再編成と類似業種比準方式の制限

　類似業種比準方式は，計算方法の性質上，課税時期の業種が各比準要素を採用する時期（直前以前3年間）の業種と相違する場合，対象会社の事業構成や財務内容が大きく変化することになり，当該方式適用の前提条件である「各比準要素の適切な把握」ができないことになる。例えば，合併直後に課税時期が生じたなど一定の場合には，実務上は，類似業種比準方式の採用ができず，純資産価額方式による評価をせざるを得ないとして取り扱われている[6]。

(7)　3年内取得土地・建物

　純資産価額方式の計算上，土地・建物の評価額は，財産評価基本

通達に基づく評価額（一般的に，土地は路線価方式・倍率方式，家屋は固定資産税評価額による評価）によるが，課税時期前3年以内に取得又は新築した土地や家屋の価額は，課税時期における通常の取引価額相当額[7]で評価する（評基通185かっこ書）。当該規定は，合併等の組織再編成による取得においても対象となる。

(8) 現物出資等受入れ差額

純資産価額方式の計算上，評価会社の有する資産のなかに，現物出資もしくは合併により著しく低い額で受け入れた資産又は株式交換，株式移転もしくは株式交付により著しく低い価額で受け入れた株式がある場合には，課税時期における相続税評価額による総資産価額の計算の基とした各資産の帳簿価額の合計額に，現物出資，合併，株式交換，株式移転又は株式交付の時において現物出資等受入れ資産の相続税評価額から現物出資等受入れ資産の帳簿価額を控除した金額を加算することにより，現物出資等受入れ差額に対する法人税額等に相当する金額は控除しないこととしている（評基通186-2）。

例えば，組織再編成により持株会社化した場合に，親会社の有する子会社株式の含み益のうら，当該再編成までに生じたものは，法人税等控除の対象とはならない。

■4 株価推移の把握とタックスプランニング

同族会社の株式を承継するに当たっては，事業承継（株式承継）方針を策定するとともに，現状の株価を把握し，承継スケジュールを会社の事業計画に照らし合わせて，承継時期を検討していくこと

となる。株価に着目して移転を検討する場合においては，その目的（高い株価がよいのか，低い株価がよいのか）に応じて，株式異動のタイミングは異なってくる。

　贈与・相続による承継においては，低い株価による移転が最も節税効果が高いため，株価の推移は特に注意を払わなければならない。そのためには，会社事業が株価にどのような影響を与えるかを理解し，想定される取引に対する株価シミュレーションを事前に行うことで，計画的な株式移動を達成することが可能である。図表5－6「株価変動予測チェックリスト」を参考にしながら，定期的なモニタリングを心掛けたい。

図表5−6　株価変動予測チェックリスト

区分	確認事項	担当	所長
株主構成に変化はないか	適用すべき株価の評価方法（原則的評価・特例的評価）を確認したか	印	印
売上・従業員数等の大幅な変動がないか	会社規模による折衷割合に影響がでないか	印	印
連続無配・2期連続赤字が生じる	比準要素数1の会社に該当しているか	印	印
多額の損失，投資等が生じる	類似業種比準方式における比準要素への影響があるか	印	印
土地（借地権）を取得する可能性	土地保有特定会社に該当するか	印	印
株式等を取得する可能性	株式等保有特定会社に該当するか	印	印
組織再編成を検討している	会社規模の変更はないか	印	印
	3年以内取得土地建物（通常の取引価額評価となるもの）があるか	印	印
	取得不動産に用途変更がないか（貸家建付地→自用地評価）	印	印
	類似業種比準方式の適用は可能か	印	印
	現物出資等受入れ差額が生じているか	印	印
持株会社化を検討している	新設法人か（開業後3年未満の会社）	印	印
	現物出資等受入れ差額が生じているか	印	印

❶ 法人版事業承継税制には，一般措置（措法70の7，70の7の2）及び特例措置（措法70の7の5，70の7の6）があるが，本章では，特例措置について述べている。

❷ 特例経営贈与承継期間（措法70の7の5②七），特例経営承継期間（70の7の②六），円滑化法認定の有効期限までの期間（円滑化規8②）のことをいい，原則として当該税制による申告書提出期限の翌日から5年間である。

❸ 一定のやむを得ない事情により適用対象会社が資産保有型会社・資産運用型会社に該当した場合においても，その該当した日から6月以内にこれらの会社に該当しなくなったとき等は，納税猶予の取消事由に該当しない（措令40の8の5⑪⑬，40の8⑲㉒，措規23の9⑭⑯，円滑化規1⑰柱書，1⑱）。また，事業実態要件（措令40の8の5⑤，40の8⑥ニ，円滑化規6②）に該当する場合には，この規定の適用はない。

❹ 個人・法人間譲渡における所基通59-6の規定による，非上場株式の時価を算定する際の評基通188の株主区分判定は，「譲渡者の譲渡直前の議決権割合」であることに留意されたい。

❺ なお，選択により純資産価額方式のみによる評価を認めている（評基通179）。

❻ 櫻井元博編『令和3年版株式・公社債評価の実務』234頁［質疑8］（大蔵財務協会，令和3年）

❼ その土地等や家屋等の帳簿価額が課税時期における「通常の取引価額」に相当すると認められるときには，帳簿価額（取得価額）に相当する金額によって評価できる（評基通185かっこ書）。

第 6 章

法人とそのオーナー間で
土地・金銭を貸借している場合

1 　法人とそのオーナーとの間で土地（建物の所有を目的とするもの）の貸借があった場合には，税務上，次に掲げる観点からの確認が必要とされる。

　イ 　「貸主：個人，借主：法人」又は「貸主：法人，借主：個人」のいずれに該当するかの区分

　ロ 　土地の貸借に係る時点別（㋑貸借開始時（入口），㋺貸借中（中途），㋩評価時（出口））の課税関係の整理

2 　法人とそのオーナーとの間で金銭の貸借があった場合においても，税務上，上記 1 のイ及びロに掲げるのと同様の観点からの確認が必要とされる。

3 　上記 1 及び 2 に掲げる資産の貸借は，一般的に長期間に及ぶものが多いことから関与先における資産税事案を円滑に管理するために，本章に掲げる『関与先継続管理基礎資料』の作成及び活用が考えられる。

I　はじめに

　税理士事務所における資産税事案では，関与先の継続管理が重要となり，各種の工夫（情報共有のあり方，ミス防止のためのチェックリストの作成及びその活用等）が必要とされる。そこで，本章では，これらの事項につき，法人とそのオーナー間で土地（建物の所有を目的とするものとする）及び金銭の貸借があった場合を例として，各種の論点を検討，解説する。

II　土地を貸借している場合

■1 土地の貸借に係る概要と留意点

　法人とそのオーナーとの間で土地の貸借があった場合における当該貸借の時点別（貸借開始時（入口），貸借中（中途），評価時（出口））の取扱いとその留意点を形態別にまとめると，次の(1)ないし(3)のとおりとなる。なお，本章では紙幅の関係で，紹介する形態については少数例と考えられるもの又は税務上顧客に多大な損失を与える可能性のあるものは除外されていることに理解を願いたい。

(1)　貸借開始時（入口）

(イ) 権利金方式

解説　他者（地主）の所有する土地に対して，借地権（建物の所有を目的とする地上権又は土地の賃借権をいう）の設定があった

場合において，当該借地権の設定対象地が，借地権の設定に際しその設定の対価として通常権利金その他の一時金（以下「権利金」という）を支払う取引上の慣行がある地域であるときは，貸主たる土地所有者は，借地権の設定の対価として権利金の支払を借地人（借主）に要求することが，通常の取引形態であると考えられる。

計算 上記 解説 に掲げる権利金の価額は，次の算式により求められる。

（算式）借地権の設定対象地の価額（通常の取引価額）×その地域の借地権割合

(ロ) 相当の地代方式

解説 上記(イ)に掲げる権利金方式は税務上，種々の不利益（④権利金支払側（借地人）においては支払権利金の資産計上（減価償却不可），⑤権利金受取側（地主）においては一定の場合，土地の一部（借地権部分）の譲渡とみなされることによる多額の租税負担）が摘示されることから，同族関係者間での採用事例は少ないものと考えられる。

　上記のような同族関係者間における借地権の設定に当たっては，相当の地代方式が採用される場合がある。相当の地代方式とは，借地権の設定に際し，その設定の対価として権利金を支払う取引上の慣行がある地域において，当該権利金の収受に代えて，当該土地の使用の対価として相当な地代を収受している場合には，当該借地取引は正常な取引条件でなされたものとするという取扱いである。

　すなわち，相当の地代と権利金は代替関係にあることになる。通常，権利金を収受した場合に土地所有者がなお留保している

とされる土地の所有権（底地権）に対する使用の対価としての地代の支払いが求められる（当該地代を税務上「通常の地代」という）が，相当の地代方式の場合には，当該権利金を一切収受することなく，土地全体（所有権〔底地権〕と利用権〔上地権〕の全部，換言すれば更地）を地代の支払対象として，土地の更地価額に対して十分な運用利回りを確保するような地代（当該地代を税務上「相当の地代」という）を収受することにより，両者が等価の関係にあるものとしてその代替にしようとするものである（この理解を容易にするものとして，図表6－1を参照）。

●図表6－1　通常の地代と相当の地代（概念図）

(1)　通常の地代（「権利金」＋「通常の地代」方式）　(2)　相当の地代方式

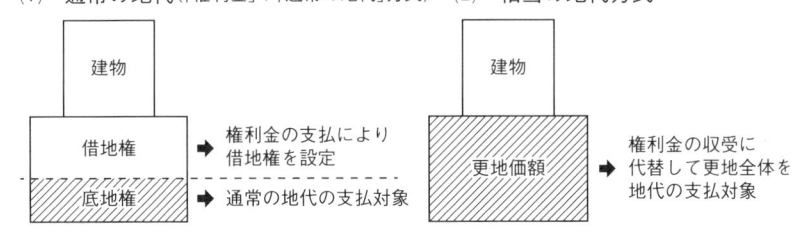

計算　上記解説に掲げる相当の地代の額（年額）は，特段の事情のない限り，次に掲げる①ないし□のうちから選択するものとされている。

①　土地の通常の取引価額を基礎に算定する方法

　（算式）その年における当該土地の通常の取引価額×6％

□　近傍類似地の公示価格等を基礎に算定する方法

　（算式）その年における当該土地につきその近傍類似地の
　　　　　公示価格や標準価格から合理的に算定した価額 ×6％

(ハ) 相続税評価額（課税年分）を基礎とする方法

（算式）その年における当該土地につき評価通達の定めに
より計算した価額（相続税評価額） $\times 6\%$

(ニ) 相続税評価額（課税年分以前3年間平均額）を基礎とする方法

（算式）$\left(\dfrac{\text{その年における当該}}{\text{土地の相続税評価額}} + \dfrac{\text{その年の前年における}}{\text{当該土地の相続税評価額}} + \dfrac{\text{その年の前々年における}}{\text{当該土地の相続税評価額}}\right) \times \dfrac{1}{3} \times 6\%$

(ハ) 無償返還の届出書方式

解説　上記(イ)の権利金方式又は(ロ)の相当の地代方式によらない場合（①相当の地代に満たない地代による賃貸借契約，②使用貸借契約）であっても，次に掲げる一定要件下に当該土地の貸借契約形態を税務上容認するという方式があり，これを一般的に無償返還の届出書方式と呼称している。

(A)　土地の貸借取引の少なくとも一方が，法人であること（個人間の場合には適用除外とされる）

(B)　土地所有者の納税地の所轄税務署長に対して，『土地の無償返還に関する届出書』が提出されていること

　上記(B)に掲げる届出書が提出されている場合には，当該土地の借主に財産価値としての借地権（税務上の借地権）の価額は帰属しないものとされ，借地権の価額に相当する経済的な利益に対する課税（借地権の認定課税）問題は生じないものとされる。

(2)　貸借中（中途）

(イ) 上記(1)において権利金方式を採用していた場合

解説 借主たる借地人は貸主たる土地所有者に対して，通常の地代
を支払う必要が生じる。

計算 通常の地代とは，その地域における借地権割合に達する借地
権が借地人に帰属しているものとした場合における当該土地
（底地権）の使用の対価としての地代を指すが，当該地代の額
の算定が困難な場合には，次の算式により計算した金額をもっ
て通常の地代の額（年額）とすることも容認されるものと考え
られる。

（算式）当該土地の価額×（1 − 借地権割合）× 6 ％

(ロ) 上記(1)において相当の地代方式を採用していた場合

解説 相当の地代方式を採用した場合には，借地権の設定以降にお
ける地代の取扱いにつき，図表6−2に掲げる2とおりの方法
があり，これにつき，いずれの方法によるのかを選択する必要
がある。

●図表6−2 相当の地代方式によった場合の地代の取扱い

区分		地代の取扱い
(1)	相当の地代改訂型	借地権の設定に係る土地の価額の上昇に応じて順次その収受する地代の額を相当の地代の額（上昇した後の土地の価額を基礎として，上記①(ロ)の計算により求めた金額）に改訂する方法 （注）この取扱いを適用する場合における相当の地代の額は，おおむね3年以下の期間ごとにその見直しを行うものとされている。
(2)	相当の地代固定型	上記の「相当の地代改訂型」以外の方法（具体的には，相当の地代を固定する方法，相当の地代を不十分に改訂する方法）

(ハ) 上記(1)において無償返還の届出書方式を採用していた場合

解説 無償返還の届出書方式を採用した場合には，借地権の設定以

降における地代の取扱いにつき，図表−3に掲げる2とおりの
方法があり，これにつき，いずれの方法によるのかを選択する
必要がある。

●図表6−3　無償返還の届出書方式によった場合の地代の取扱い

区分		地代の取扱い
(1)	賃貸借型	民法第601条（賃貸借）の規定に基づく賃貸借契約による方法
(2)	使用貸借型	民法第593条（使用貸借）の規定に基づく使用貸借契約による方法

計算　㋑　図表6−3の(1)（賃貸借型）を採用した場合の地代の範
囲は，最低水準で通常の地代（通常の地代については，上
記㋑の計算を参照），最高水準で相当の地代（相当の地代
については，上記①㋺の計算を参照）となる。

　　　㋺　図表6−3の(2)（使用貸借型）を採用した場合の地代は，
原則として0円となるが，当該土地に係る固定資産税及び
都市計画税等の実費相当額の負担はこれも使用貸借型の範
囲に含まれるものとされている。

(3)　評価時（出口）

㋑ 上記(1)において権利金方式を採用していた場合

解説　借主（借地人）には通常の借地権割合に基づく借地権の価額
が帰属する。また，貸主（地主）は当該借地権の価額が帰属し
た貸宅地（底地）として評価することになる。

計算　具体的には，図表6−4及び図表6−5を参照されたい。

(ロ) 上記(1)において相当の地代方式を採用していた場合

解説 (イ) 「相当の地代改訂型」であるとき

借主（借地人）には差額地代（新規地代−継続地代）に基づく経済的利益を資本還元したものとしての自然発生の借地権の価額は帰属しない。また，貸主（地主）は評価上のしんしゃくとして自用地の価額の80%相当額で評価することになる。

(ロ) 「相当の地代固定型」であるとき

借主（借地人）には上記(イ)に掲げる自然発生の借地権の価額が帰属する。また，貸主（地主）は原則として，自用地の価額から当該自然発生借地権の価額を控除して評価することになる。

計算 具体的には，図表6−4及び図表6−5を参照されたい。

(ハ) 上記(1)において無償返還の届出書方式を採用していた場合

解説 (イ) 「賃貸借型」であるとき

借主（借地人）は無償返還を約定していることから財産価値としての借地権の価額は帰属しない。また，貸主（地主）は評価上のしんしゃくとして自用地の価額の80%相当額で評価することになる。

(ロ) 「使用貸借型」であるとき

借主（借地人）については上記(イ)と同様となる。また，貸主（地主）は評価上のしんしゃくも不要とされるため自用地としての価額で評価することになる。

計算 具体的には，図表6−4及び図表6−5を参照されたい。

2 土地の貸借とそのチェックリスト

　上記**1**に掲げる土地貸借の時点別（貸借開始時（入口），貸借中（中途），評価時（出口））の取扱い及び当該取扱いを行うに当たって税理士事務所として確認しておくことが求められる事項をチェックリストの形式でまとめると，図表6-4及び図表6-5のとおりである。

●図表6-4　関与先継続管理基礎資料（土地の貸借（その取扱いとチェックリスト：地主（オーナー個人），借地人（法人）である場合））

課税時期 / 貸借形態	貸借開始時（入口）		貸借中（中途）		評価時（出口）	
	地主（個人）	借地人（法人）	地主（個人）	借地人（法人）	地主（個人）	借地人（法人）
権利金方式	権利金収入　時価の$\frac{1}{2}$超→譲渡所得　上記以外→不動産所得	権利金支出　借地権の取得価額（非償却性資産）	通常の地代収入　不動産所得	通常の地代支出　損金	宅地評価　自用地価額×$\left(1-\dfrac{借地権}{割合}\right)$	同族法人株式評価　自用地価額×借地権割合
相当の地代方式　固定型	課税関係なし	課税関係なし	相当の地代（固定型）収入　不動産所得	相当の地代（固定型）支出　損金	貸宅地評価（注2）　自用地価額-（注1）の借地権価額	同族法人株式評価　原則として、（注1）の借地権価額
相当の地代方式　改訂型	課税関係なし	課税関係なし	相当の地代（改訂型）収入　不動産所得	相当の地代（改訂型）支出　損金	貸宅地評価　自用地価額×80%	同族法人株式評価　自用地価額×20%
無償返還の届出書方式　賃貸型	課税関係なし	課税関係なし	実際の地代収入　不動産所得	実際の地代支出　損金	貸宅地評価　自用地価額×80%	同族法人株式評価　自用地価額×20%
無償返還の届出書方式　使用貸借型	課税関係なし	課税関係なし	課税関係なし	課税関係なし	土地評価　自用地評価	同族法人株式評価　評価の対象となるものは不存在

チェックリスト（イメージ）　建物（同族法人）　土地（オーナー個人）	確認項目	担当	所長	確認項目	担当	所長	確認項目	担当	所長
	(1)　各方式の採用につき、特徴（長所・短所）を確認し、顧客説明を果たしたか。	◉	◉	(1)　下記(2)による場合を除き、各方式ともに、毎年分の地代の額につき、合理的な理由（例　新たな権利金の収受、地価の上昇又は下落等）もなく、これを不用意に改訂していないか。	◉	◉	(1)　各方式のいずれにおいても、自用地価額（土地の相続税評価額）を適切に算定したか。	◉	◉
	(2)　権利金方式の場合、土地の時価を適切に算定したか。	◉	◉				(2)　相当の地代方式（固定型）の場合、自然発生借地権の価額を適正に算定したか。	◉	◉
	(3)　相当の地代方式の場合、相当の地代（4種類）の選択及びその計算（評価）は適切か。	◉	◉	(2)　相当の地代方式（改訂型）の場合には、適切な地代の改訂が行われているか。	◉	◉	(3)　無償返還の届出書方式の場合、再度、従前適切に届出が行われているのか確認したか。	◉	◉
	(4)　無償返還の届出書方式の場合、適切に届出が行われているか。	◉	◉						

(注1)　借地権の価額は、次に掲げる算式により計算するものとされている。
（算式）

$$\frac{自用地}{価額}×\frac{借地権}{割合}×\left(1-\frac{実際の地代（年額）-通常の地代（年額）}{相当の地代（年額）-通常の地代（年額）}\right)$$

(注2)　該当欄の貸宅地の評価額が「自用地価額×80%」を上回る場合には、「自用地価額×80%」により評価するものとされている。

●図表6－5　関与先継続管理基礎資料（土地の貸借（その取扱いとチェックリスト：地主（法人），借地人（オーナー個人）である場合））

課税時期／貸借形態	貸借開始時（入口）地主（法人）	貸借開始時（入口）借地人（個人）	貸借中（中途）地主（法人）	貸借中（中途）借地人（個人）	評価時（出口）地主（法人）	評価時（出口）借地人（個人）
権利金方式	権利金収入／益金算入（時価の$\frac{1}{2}$以上→簿価の一部損金）	権利金支出／借地権の取得価額（非償却性資産）	通常の地代収入／益金	通常の地代支出・必要経費・家事費	同族法人株式評価／自用地価額×$\left(1-\frac{借地権割合}{}\right)$	借地権評価／自用地価額×借地権割合
相当の地代方式　固定型	課税関係なし	課税関係なし	相当の地代（固定型）収入／益金	相当の地代（固定型）支出・必要経費・家事費	同族法人株式評価(注2)／自用地価額＋（注1）の借地権価額	借地権評価／（注1）の借地権価額
相当の地代方式　改訂型	課税関係なし	課税関係なし	相当の地代（改訂型）収入／益金	相当の地代（改訂型）支出・必要経費・家事費	同族法人株式評価／自用地価額×80%	借地権評価／評価の対象となるものは不存在
無償返還の届出書方式　賃貸借型	課税関係なし	課税関係なし	実際の地代収入／益金　相当の地代（改訂型）と実際の地代差額　差額を益金認定	実際の地代支出・必要経費・家事費　相当の地代（改訂型）と実際の地代差額　差額を給与課税	同族法人株式評価／自用地価額×80%	借地権評価／評価の対象となるものは不存在
無償返還の届出書方式　使用貸借型	課税関係なし	課税関係なし	相当の地代（改訂型）認定　益金認定	相当の地代（改訂型）認定　全額を給与課税	同族法人株式評価／自用地評価	借地権評価／評価の対象となるものは不存在
チェックリスト（イメージ）	当該部分については，図表6－4の「貸借開始時（入口）」欄を参照		当該部分については，図表6－4の「貸借中（中途）」欄を参照すると共に，下記事項にも留意		当該部分については，図表6－4の「評価時（出口）」欄を参照	

チェックリスト（イメージ）：
建物（オーナー個人）／土地（同族法人）

確認項目	担当	所長
(1)　「地主（法人），借地人（個人）」である場合において，無償返還の届出書方式を採用したとき（賃貸借型，使用貸借型を問わない）には，一定の金額が地主（法人）側で認定地代（益金）とされ，借地人（個人）側で給与課税とされるが，当該事項について確認しているか。	⊕	⊕
(2)　上記(1)の事項につき，顧客の理解は得られているのか。	⊕	⊕

(注1)　図表6－4の（注1）と同じ。
(注2)　図表6－4の（注2）と同じ。

Ⅲ　金銭を貸借している場合

　法人とそのオーナーとの間の金銭の貸借についてはその特殊関係者間であることに起因して，税務上の種々の問題が生じる可能性がある。そこで，このような関係者間における金銭貸借のポイントをチェックリストの形式でまとめると，図表6－6のとおりとなる。

●図表6－6　関与先継続管理基礎資料（金銭の貸借（その取扱いとチェックリスト））

区分	確認項目	担当	所長
貸付原資	(1) 貸付原資の資金出所は説明の付く資金となっているか。 解説　特に，貸主が個人である場合には，法人売上が個人通帳に入金され（当然に益金計上もれ），事後的に当該資金を法人に還流させるために貸付金勘定が使用されることがあるので留意が必要となる。	㊞	㊞
	(2) 経理能力が低い法人である場合に，貸借不一致が生じている事例への対応として，オーナーへの貸付金又はオーナーよりの借入金として処理されている場合があるが，このような実態の伴わない（架空）処理でないことを確認したか。 解説　一度，法人の貸借対照表に計上（オーナー貸付金，オーナー借入金）されると，事後的に架空であったと主張することは，相当の困難が伴う。	㊞	㊞
貸付利息	(1) 貸主（個人），借主（法人）である場合 上記の形態の場合には，貸主である個人には所得税法36条（収入金額）1項の規定により別段の定め（注）があるものを除き，その年において収入すべき金額（換言すれば，当事者間で約定した金額）とされている。この点につき，下記の事項を確認したか。		
	① 利息の約定はあるのか（なお，無利息でも，下記③に該当しなければ問題はない）。	㊞	㊞
	② 利息の約定がある場合，当該利率は社会通念上相当か（なお，社会通念を超える高額利息を収受している場合には，別途，給与課税の問題が生じる）。	㊞	㊞
	③ 利息の約定がない又は社会通念に比して著しく低い利息である場合，上記（注）の別段の定めが適用された認定利息が生じるような貸付事案に該当しないことを確認したか。 解説　上記③に該当して別段の定め（所得税法157条（同族会社等の行為又は計算の否認等））が適用された代表的な判例として，最高裁判所第三小法廷（平成16年7月20日判決，平成11年（行ヒ）第169号）（いわゆる『平和事件』）がある。	㊞	㊞

	(2) 貸主（法人），借主（個人）である場合 上記の形態の場合には，貸主である法人には，法人税法22条（各事業年度の所得の金額の計算の通則）2項の規定の解釈から，たとえ，当事者間では無利息貸与の合意があったとしても，税務上は利息の計上が必要とされている。この点につき，下記の事項を確認したか。			
	① 利息の計上の必要性（もし，無利息貸与のままであれば，利息相当額の給与課税が行われる）について確認しているか。また，この点を顧客は理解しているのか。		⊞	⊞
	② 利息を徴収する又は利息相当額の給与課税を行うとした場合に，当該設定利率は適正に求められているのか。 解説 上記②の利率につき，一般的には評価通達4−4（基準年利率）の定めによることも相当と考えられるが，いわゆる「ひも付融資」である場合には当該融資に係る費用負担以上の設定が求められることに留意する。		⊞	⊞
相続財産との関係	貸主（個人），借主（法人）である場合には，将来，貸主（個人）に相続が開始した場合には相続開始日における元本価額（利息の約定がある場合には，既経過利息の額を加算する。以下同じ）で評価するのが原則的な取扱いとされる。この点につき，下記の事項を確認したか。			
	① 相続財産の価額は，原則として元本価額となることを確認しているか。また，この点を顧客は理解しているか。 解説 貸付金債権等の全部又は一部の回収不能を主張してその価額を元本価額より減額できるのは，評価通達205（貸付金債権等の元本価額の範囲）の定めによるものとされており，限定的である。		⊞	⊞
	② 貸付金債権等につき，将来の相続開始に備えての対策（例貸付金債権等の推定相続人に対する生前贈与）を行うのであれば，その対応ができるのか。		⊞	⊞
税務以外の対応	(1) 金銭消費貸借契約書は作成されているのか。		⊞	⊞
	(2) 下記に掲げる態様の場合には，法人側に取締役会議事録が作成されているのか（会社法上では作成が必要）。 ① 貸主が法人である場合 ② 借主が法人である場合において，利息の約定があるとき		⊞	⊞
	(3) 貸主が法人である場合には，貸付金債権等の価額に対応する担保（不動産，上場有価証券等）を徴求しているのか（会社法上では担保の徴求が必要）。		⊞	⊞

Ⅳ　おわりに

　法人とそのオーナーとの間の土地や金銭の貸借は取扱金額も大きいことが一般的であり，また，対応期間も長期に及ぶものと考えられることから，チェックリストを活用すること等によって慎重な対応を望みたい。

《巻末資料　実務に役立つ管理表・チェックリスト》

図表1−3　資産移動管理表

	顧客番号				作成年月日	・　・
					更新年月日	・　・

<table>
<tr><td rowspan="3">基本情報Ⅰ</td><td>氏　名</td><td colspan="3"></td><td>生年月日</td><td>・　・</td></tr>
<tr><td>住　所</td><td colspan="3"></td><td></td><td></td></tr>
<tr><td>配偶者</td><td colspan="3"></td><td>生年月日</td><td>・　・</td></tr>
</table>

子・孫等(氏名、生年月日)	・　・	・　・	・　・	・　・

基本情報Ⅱ（財産状況）

現金・預貯金	○○銀行△△支点 普通・定期　　　円、○○銀行△△支点 普通・定期　　　円
	○○銀行△△支点 普通・定期　　　円、○○銀行△△支点 普通・定期　　　円
	手許現金　　　円　、計　　　　円① 構成割合　　　%（①⑤）
有価証券	○○証券△△支店 一般・特定・NISA 銘柄　　　　　　、　　　円
	○○証券△△支店 一般・特定・NISA 銘柄　　　　　　、　　　円
	計　　　　円② 構成割合　　　%（②⑤）
不動産	土地・建物（　）○○市△△町x−x　　㎡ 持分x/x 評価額　　　円 流通価額　　円
	土地・建物（　）○○市△△町x−x　　㎡ 持分x/x 評価額　　　円 流通価額　　円
	計(評価額)　　　　円、(流通価額)　　　　円③ 構成割合　　%（③⑤）
生命保険	死亡・養老（　）契約者　支払者　被保険者　受取人　保険金　　円
	死亡・養老（　）契約者　支払者　被保険者　受取人　保険金　　円
	計　　　　円④ 構成割合　　　%（④⑤）
合　計	円⑤

<table>
<tr><td rowspan="2">基本情報Ⅲ</td><td>資産に対する意図(思い)</td><td>使用(x割)・活用(x割)・贈与(x割)・相続(x割)</td></tr>
<tr><td>タックスプランニング</td><td></td></tr>
</table>

	年月日	取得・売却等	資産の種類	金額	相手先	特例適用条文	備　考
資産移動状況	・　・			円			
	・　・						
	・　・						
	・　・						

図表2-4　暦年課税贈与の顧客管理表

顧客番号			作成年月日	・・
受贈者	住　所		生年月日	・・
	氏　名		年齢・続柄	歳・
贈与者	住　所			
	氏　名			

財産の取得年月日	年　　月　　日	生前贈与加算期限	年　月　日
取得した財産の種類	□現金　□住宅取得資金　□自社株式　□不動産（　　　　　） □現金（基礎控除110万円以下）　□その他（　　　　　）		
財産取得後の留意事項			
贈与者の相続開始時の留意事項			
税務代理権限証書提出年月日等	年　　月　　日	関与税目	法・所・消・相

図表2−5　暦年課税贈与に係るチェックリスト

【チェック項目】

区分	確認項目	担当	所長
受贈者	贈与を受けた年の年の1月1日において18歳以上、受贈者の直系卑属か。 解説　特例税率を適用するための要件であり、受贈者の戸籍の謄本又は抄本その他の書類でその人の氏名、生年月日及びその人が贈与者の直系卑属（子や孫など）に該当することを証する書類を提出する必要がある。	印	印
財産の取得年月日	贈与により財産を取得した年月日に係る書面等を確認したか。 解説　相続税法における贈与による財産の取得の時期は、書面によるものはその契約の効力の発生した時、書面によらないものはその履行の時とされている。	印	印
生前贈与加算期限	財産を取得した年月日に応当する生前贈与加算期限を確認したか。 解説　財産を取得した日から生前贈与加算の期限となる7年後の応当日を記載する。	印	印
財産取得後の留意事項	取得した財産が賃貸用不動産や株式などである場合、賃貸収入や配当など確定申告の必要はないか。 解説　例えば、「賃貸不動産の贈与を受けたため所得税申告の必要がある」など贈与後に留意すべき事項等を記述する。	印	印
贈与者の相続開始時の留意事項	贈与者の相続が開始した際の問題点等について確認したか。 解説　例えば、「祖父から取得、遺贈を受けた場合は2割加算適用」など相続開始時に留意すべき事項等を記述する。	印	印
関与税目	受贈者に係る関与税目との関連について確認したか。 解説　財産を取得することによって、関与税目に影響があるか否かの確認を行う。	印	印

図表2−6 暦年課税贈与の顧客明細表

受贈者	

贈与者	続柄	財産の取得 年月日	生前贈与 加算期限	取得した 財産の種類	財産の価額 評価額)	基礎控除額	贈与税額	確定申告	贈与契約書		財産の受渡状況 預貯金 / 現金その他		
								□ R5.2.1	□ 公正	□ 書面	□ 入金	□ 現金	
								□ 申告不要	□ 確定	□ 口頭	□ 出金	□ その他	
								□ R6.3.1	□ 公正	□ 書面	□ 入金	□ 現金	
								□ 申告不要	□ 確定	□ 口頭	□ 出金	□ その他	
								□ R6.3.1	□ 公正	□ 書面	□ 入金	□ 現金	
								□ 申告不要	□ 確定	□ 口頭	□ 出金	□ その他	
								□	□ 公正	□ 書面	□ 入金	□ 現金	
								□ 申告不要	□ 確定	□ 口頭	□ 出金	□ その他	
								□	□ 公正	□ 書面	□ 入金	□ 現金	
								□ 申告不要	□ 確定	□ 口頭	□ 出金	□ その他	

図表2-8　相続時精算課税贈与の顧客管理表

			作成年月日	・・
	顧客番号		作成年月日	・・
受贈者	住　所		生年月日	・・
	氏　名		年齢・続柄	歳・
贈与者	住　所			
	氏　名			
相続時精算課税選択届出書提出年月日		年　　　月　　　日		
財産の取得年月日		年　　　月　　　日		
取得した財産の種類		□現金　□住宅取得資金　□自社株式　□不動産（　　　　　　） □現金　基礎控除110万円以下）　□その他（　　　　　　）		
相続時精算課税選択前の暦年贈与の状況				
財産取得後の留意事項				
贈与者の相続開始時の留意事項				
税務代理権限証書提出年月日等		年　　　月　　　日	関与税目	法・所・消・相

図表2−9　相続時精算課税贈与に係るチェックリスト

区分	確認項目	担当	所長
受贈者	贈与を受けた年の年の1月1日において18歳以上であり、受贈者の直系卑属か。 解説　相続時精算課税制度を適用するための要件であり、受贈者の戸籍の謄本又は抄本その他の書類でその人の氏名、生年月日及びその人が贈与者の直系卑属（子や孫など）に該当することを証する書類を提出する必要がある。	印	印
相続時精算課税選択届出書提出年月日	贈与者が贈与を行った年に死亡したか。 解説　贈与者が贈与を行った年に死亡した場合、①贈与税の申告期限又は贈与者の死亡に係る相続税の申告書の提出期限のいずれか早い日までに提出する必要がある。	印	印
財産の取得年月日	贈与により財産を取得した年月日に係る書面等を確認したか。 解説　相続税法における贈与による財産の取得の時期は、書面によるものはその契約の効力の発生した時、書面によらないものはその履行の時とされている。	印	印
相続時精算課税選択前の暦年贈与の状況	相続時精算課税選択前の暦年贈与の有無を確認（暦年課税贈与の顧客管理表を確認）したか。 解説　相続時精算課税制度を選択する前に暦年課税贈与があった場合、財産を取得した日から生前贈与加算の期限となる7年後の応当日前に贈与者の相続が開始したときは生前贈与加算の対象となることに留意する。	印	印
財産取得後の留意事項	取得した財産が賃貸用不動産や株式などである場合、賃貸収入や配当など確定申告の必要はないか。 解説　例えば、『賃貸不動産の贈与を受けたため所得税申告の必要がある』など贈与後に留意すべき事項等を記述する。	印	印
贈与者の相続開始時の留意事項	贈与者の相続が開始した際の問題点等について確認したか。 解説　例えば、『祖父から取得、遺贈を受けた場合は2割加算適用』など相続開始時に留意すべき事項等を記述する。	印	印
関与税目	受贈者に係る関与税目との関連について確認したか。 解説　財産を取得することによって、関与税目に影響があるか否かの確認を行う。	印	印

図表2－10　相続時精算課税贈与の顧客明細表

| 受贈者 | | 特定贈与者 | | 続柄 | | 届出書提出日 | |

財産の取得 年月日	取得した 財産の種類	財産の価額 (評価額)	基礎控除額	累積贈与額	贈与税額	確定申告	贈与契約書				財産の受渡状況			
											預貯金		現金その他	
						☐	☐ 公正		☐ 書面		☐ 入金		☐ 現金	
						☐ 申告不要	☐ 確定		☐ 口頭		☐ 出金		☐ その他	
						☐	☐ 公正		☐ 書面		☐ 入金		☐ 現金	
						☐ 申告不要	☐ 確定		☐ 口頭		☐ 出金		☐ その他	
						☐	☐ 公正		☐ 書面		☐ 入金		☐ 現金	
						☐ 申告不要	☐ 確定		☐ 口頭		☐ 出金		☐ その他	

| 受贈者 | | 特定贈与者 | | 続柄 | | 届出書提出日 | |

財産の取得 年月日	資産の種類	財産の価額 (評価額)	基礎控除額	累積贈与額	贈与税額	確定申告	贈与契約書				⑩受渡の状況			
											預貯金		現金その他	
						☐ R7.○.○	☐ 公正		☐ 書面		☐ 入金		☐ 現金	
						☐ 申告不要	☐ 確定		☐ 口頭		☐ 出金		☐ その他	
						☐	☐ 公正		☐ 書面		☐ 入金		☐ 現金	
						☐ 申告不要	☐ 確定		☐ 口頭		☐ 出金		☐ その他	
						☐	☐ 公正		☐ 書面		☐ 入金		☐ 現金	
						☐ 申告不要	☐ 確定		☐ 口頭		☐ 出金		☐ その他	

図表３−５　未分割申告に係るチェックリスト

区分	確認項目	担当	所長
相続税の申告期限前	未分割財産については、配偶者に対する相続税額の軽減・小規模宅地等の特例等の適用を受けられないこととなるが、相続税の納税財源の検討を行っているか？	印	印
	特例の対象となる財産が未分割の場合には適用を受けることのできない次の特例について、クライアントが特例適用を希望する場合にはその旨を案内しているか？ ・物納 ・農地等についての相続税の納税猶予及び免除等 ・山林についての相続税の納税猶予及び免除 ・特定の美術品についての相続税の納税猶予及び免除 ・個人の事業用資産についての相続税の納税猶予及び免除 ・非上場株式等についての相続税の納税猶予及び免除 ・医療法人の持分についての相続税の納税猶予及び免除	印	印
	申告期限後3年以内の分割見込書を作成しているか？	印	印
相続税の申告期限から3年	相続又は遺贈に関する訴えの提起、和解・調停・審判等による未分割か？（単に遺産分割がまとまっていない場合には、配偶者の相続税額の軽減・小規模宅地等の特例等の適用を受けられないこととなる。）	印	印
	訴状又は調停等の申し立てに関する書類、申告期限から3年を経過する日においても裁判・調停等が継続中であることが分かる書類は入手できているか？	印	印
遺産が分割された場合	遺産が分割されたことを知った日の翌日から4か月以内に、更正の請求を行っているか？	印	印
	配偶者に対する相続税額の軽減については、上記の内容にかかわらず①遺産が分割されたことを知った日の翌日から4か月を経過する日と②相続税の申告期限から5年を経過する日のいずれか遅い日までの期間、更正の請求を行うことができるがよいか？	印	印
	遺産分割の結果、新たに相続税額が生じた者については期限後申告を、当初申告よりも納付すべき相続税額が増えた者については修正申告をすみやかに行っているか？	印	印
未分割財産に賃貸不動産が含まれる場合	相続人について、次の届出・申請の検討を行っているか？ ・個人事業の開廃業等届出書 ・青色申告承認申請書 　事業税の事業開始等申告書 ・消費税課税事業者届出書（相続・合併・分割等があったことにより課税事業者となる場合の付表の添付が必要） ・適格請求書発行事業者の登録申請書 ・消費税簡易課税制度選択届出書	印	印

図表4-6　土地の交換・買換え等をした場合のチェックリスト

区分	確認事項	担当	所長
収入金額	売買代金以外に、実測面積での精算や固定資産税の按分清算等が行われていないか？	㊞	㊞
取得費	(1) 概算取得費を使わない場合、取得の経緯（買換え等の特例を適用していないか）を確認したか？	㊞	㊞
	(2) 実際の取得費が概算取得費を下回る場合は、概算取得費を取得費として計上しているか？	㊞	㊞
	(3) 相続等により取得した財産については、取得時期・取得価額を引き継ぐことを確認したか？	㊞	㊞
	(4) 3年10か月以内に発生した相続において不動産を取得し、相続税を支払っていないか？	㊞	㊞
	(5) 買換え等の特例を行った場合、特例ごとに取得日の引継ぎの有無、取得価額の引継ぎの有無が異なることを確認したか？	㊞	㊞
	(6) 過去に買換え等の特例を行ったか否か不明な場合は、閲覧サービスを利用するなどして、「取得価額引継整理票」の照会を行ったか？	㊞	㊞
特別控除額	(1) 1暦年において、2以上の特別控除の規定の適用を受ける場合、特別控除の合計額の限度は5,000万円であることを確認したか？	㊞	㊞
	(2) 「マイホーム（居住用財産）を譲渡した場合」の3,000万円控除を適用する前年又は前々年に同控除を適用していないか？	㊞	㊞
譲渡の日	譲渡の日とは原則として資産の引渡しがあった日だが、納税者の選択により契約締結日とすることができることを確認したか？	㊞	㊞

図表5－3　法人版事業承継税制の適用時及びモニタリング時のチェック
　　　　リスト

区分	確認事項	担当	所長
法人版事業承継税制を適用した時点で，取消事由に該当する可能性のある論点を実務家が確認・整理したか	先代経営者等，後継者について問題となることがあるか	印	印
	会社状況で問題となることがあるか	印	印
	外部環境（株主構成等）で問題となることがあるか	印	印
贈与税の納税猶予を適用した場合には，相続税の納税猶予への切替確認の有無を検討したか	贈与税の納税猶予適用後，猶予継続を希望しているか否か	印	印
	切替確認のための要件に充足するにあたって，障害となる事象はないか	印	印
	被相続人死亡時における情報共有体制が整っているか	印	印
取消事由・免除事由について，後継者・適用対象会社と確認・事前対応策を検討したか	情報共有すべき事実がどのようなものか（取消事由）を具体的に説明し，クライアントは理解したか	印	印
	問題点について，事前対応すべき点があるか，対応する場合には弊害となることはないか	印	印
	情報共有について，どのような方法で，いつまでに伝え，実務家はいつまでに回答すべきかクライアントと確認したか	印	印
後継者・適用対象会社に対して，確認書を作成したか	実務家だけでは，すべての要件確認について対応できない点をクライアントは認識しているか	印	印
	既定の方法により情報共有されなかった場合に生じた損害は，後継者の責任にあることをクライアントは承諾したか	印	印
年次報告書，継続届出書の資料収集方法，提出期限についてスケジュールしたか	提出すべき書面，提出時期，提出方法の流れを理解しているか	印	印
	資料作成のための，資料準備案内の時期，必要となる資料を理解しているか	印	印

図表5−6　株価変動予測チェックリスト

区分	確認事項	担当	所長
株主構成に変化はないか	適用すべき株価の評価方法（原則的評価・特例的評価）を確認したか	㊞	㊞
売上・従業員数等の大幅な変動がないか	会社規模による折衷割合に影響がでないか	㊞	㊞
連続無配・2期連続赤字が生じる	比準要素数1の会社に該当しているか	㊞	㊞
多額の損失，投資等が生じる	類似業種比準方式における比準要素への影響があるか	㊞	㊞
土地（借地権）を取得する可能性	土地保有特定会社に該当するか	㊞	㊞
株式等を取得する可能性	株式等保有特定会社に該当するか	㊞	㊞
組織再編成を検討している	会社規模の変更はないか	㊞	㊞
	3年以内取得土地建物（通常の取引価額評価となるもの）があるか	㊞	㊞
	取得不動産に用途変更がないか（貸家建付地→自用地評価）	㊞	㊞
	類似業種比準方式の適用は可能か	㊞	㊞
	現物出資等受入れ差額が生じているか	㊞	㊞
持株会社化を検討している	新設法人か（開業後3年未満の会社）	㊞	㊞
	現物出資等受入れ差額が生じているか	㊞	㊞

図表6－4　関与先継続管理資料（土地の賃借（その取扱いとチェックリスト：地主（オーナー個人），借地人（法人）である場合））

課税時期／賃借形態		貸借開始時（入口）		貸借中（中途）		評価時（出口）	
		地主（個人）	借地人（法人）	地主（個人）	借地人（法人）	地主（個人）	借地人（法人）
権利金方式		**権利金収入** 時価の $\frac{1}{2}$ 超→譲渡所得 上記以外→不動産所得	**権利金支出** 借地権の取得価額 （非償却性資産）	**通常の地代収入** 不動産所得	**通常の地代支出** 損金	**貸宅地評価** 自用地価額 $\times\left(1-\dfrac{借地権割合}{}\right)$	**同族法人株式評価** 自用地価額 $\times$ 借地権割合
相当の地代方式	固定型	課税関係なし	課税関係なし	**相当の地代（固定型）収入** 不動産所得	**相当の地代（固定型）支出** 損金	**貸宅地評価（注2）** 自用地価額－(注1)の借地権価額	**同族法人株式評価** 原則として，(注1)の借地権価額
	改訂型	課税関係なし	課税関係なし	**相当の地代（改訂型）収入** 不動産所得	**相当の地代（改訂型）支出** 損金	**貸宅地評価** 自用地価額 $\times80\%$	**同族法人株式評価** 自用地価額 $\times20\%$
無償返還の届出書方式	賃貸借型	課税関係なし	課税関係なし	**実際の地代収入** 不動産所得	**実際の地代支出** 損金	**貸宅地評価** 自用地価額 $\times80\%$	**同族法人株式評価** 自用地価額 $\times20\%$
	使用貸借型	課税関係なし	課税関係なし	課税関係なし	課税関係なし	**土地評価** 自用地評価	**同族法人株式評価** 評価の対象となるものは不存在

チェックリスト（イメージ）	確認項目	担当	所長	確認項目	担当	所長	確認項目	担当	所長
建物（同族法人） 土地（オーナー個人）	(1) 各方式の採用につき，特徴（長所・短所）を確認し，顧客説明を果たしたか。	⊕	⊕	(1) 下記(2)による場合を除き，各方式ともに，毎年分の地代の額につき，合理的な理由（例　新たな権利金の収受，地価の上昇又は下落等）もなく，これを不用意に改訂していないか。	⊕	⊕	(1) 各方式のいずれにおいても，自用地価額（土地の相続税評価額）を適切に算定したか。	⊕	⊕
	(2) 権利金方式の場合，土地の時価を適切に算定したか。	⊕	⊕				(2) 相当の地代方式（固定型）の場合，自然発生借地権の価額を適正に算定したか。	⊕	⊕
	(3) 相当の地代方式の場合，相当の地代（4種類）の選択及びその計算（評価）は適切か。	⊕	⊕	(2) 相当の地代方式（改訂型）の場合には，適切な地代の改訂が行われているか。	⊕	⊕	(3) 無償返還の届出書方式の場合，再度，従前適切に届出が行われているのか確認したか。	⊕	⊕
	(4) 無償返還の届出書方式の場合，適切に届出が行われているか。	⊕	⊕						

（注1）　借地権の価額は，次に掲げる算式により計算するものとされている。
　　　（算式）

$$\frac{自用地}{価額} \times \frac{借地権}{割合} \times \left(1 - \frac{実際の地代（年額）－通常の地代（年額）}{相当の地代（年額）－通常の地代（年額）}\right)$$

（注2）　該当欄の貸宅地の評価額が「自用地価額×80%」を上回る場合には，「自用地価額×80%」により評価するものとされている。

図表6－5　関与先継続管理資料（土地の貸借（その取扱いとチェックリスト：地主（法人），借地人（オーナー個人）である場合））

貸借形態＼課税時期		貸借開始時（入口）		貸借中（中途）		評価時（出口）	
		地主（法人）	借地人（個人）	地主（法人）	借地人（個人）	地主（法人）	借地人（個人）
権利金方式		権利金収入 益金算入 （時価の$\frac{1}{2}$以上 →簿価の一部損金）	権利金支出 借地権の取得価額（非償却性資産）	通常の地代収入 益金	通常の地代支出 ・必要経費 ・家事費	同族法人株式評価 自用地価額×$\left(1-\frac{借地権}{割合}\right)$	借地権評価 自用地価額×借地権割合
相当の地代方式	固定型	課税関係なし	課税関係なし	相当の地代（固定型）収入 益金	相当の地代（固定型）支出 ・必要経費 ・家事費	同族法人株式評価（注2） 自用地価額（注1）の借地権額	借地権評価 （注1）の借地権価額
	改訂型	課税関係なし	課税関係なし	相当の地代（改訂型）収入 益金	相当の地代（改訂型）支出 ・必要経費 ・家事費	同族法人株式評価 自用地価額×80％	借地権評価 評価の対象となるものは不存在
無償返還の届出書方式	賃貸借型	課税関係なし	課税関係なし	実際の地代収入 益金 相当の地代（改訂型）と実際の地代差額 差額を益金認定	実際の地代支出 ・必要経費・家事費 相当の地代（改訂型）と実際の地代差額 差額を給与課税	同族法人株式評価 自用地価額×80％	借地権評価 評価の対象となるものは不存在
	使用貸借型	課税関係なし	課税関係なし	相当の地代（改訂型）認定 益金認定	相当の地代（改訂型）認定 全額を給与課税	同族法人株式評価 自用地評価	借地権評価 評価の対象となるものは不存在
チェックリスト（イメージ） 建物（オーナー個人） 土地（同族法人）		当該部分については，図表6－4の「貸借開始時（入口）」欄を参照		当該部分については，図表6－4の「貸借中（中途）」欄を参照すると共に，下記事項にも留意		当該部分については，図表6－4の「評価時（出口）」欄を参照	

確認項目	担当	所長
(1)　「地主（法人），借地人（個人）」である場合において，無償返還の届出書方式を採用したとき（賃貸借型，使用貸借型を問わない）には，一定の金額が地主（法人）側で認定地代（益金）とされ，借地人（個人）側で給与課税とされるが，当該事項について確認しているか。	⊕	⊕
(2)　上記(1)の事項につき，顧客の理解は得られているのか。	⊕	⊕

（注1）　図表6－4の（注1）と同じ。
（注2）　図表6－4の（注2）と同じ。

図表6－6　関与先継続管理資料（金銭の貸借（その取扱いとチェックリスト））

区分	確認項目	担当	所長
貸付原資	(1)　貸付原資の資金出所は説明の付く資金となっているか。 **解説**　特に，貸主が個人である場合には，法人売上が個人通帳に入金され（当然に益金計上もれ），事後的に当該資金を法人に還流させるために貸付金勘定が使用されることがあるので留意が必要となる。	㊞	㊞
	(2)　経理能力が低い法人である場合に，貸借不一致が生じている事例への対応として，オーナーへの貸付金又はオーナーよりの借入金として処理されている場合があるが，このような実態の伴わない（架空）処理でないことを確認したか。 **解説**　一度，法人の貸借対照表に計上（オーナー貸付金，オーナー借入金）されると，事後的に架空であったと主張することは，相当の困難が伴う。	㊞	㊞
貸付利息	(1)　貸主（個人），借主（法人）である場合 上記の形態の場合には，貸主である個人には所得税法36条（収入金額）1項の規定により別段の定め（注）があるものを除き，その年において収入すべき金額（換言すれば，当事者間で約定した金額）とされている。この点につき，下記の事項を確認したか。		
	①　利息の約定はあるのか（なお，無利息でも，下記③に該当しなければ問題はない）。	㊞	㊞
	②　利息の約定がある場合，当該利率は社会通念上相当か（なお，社会通念を超える高額利息を収受している場合には，別途，給与課税の問題が生じる）。	㊞	㊞
	③　利息の約定がない又は社会通念に比して著しく低い利息である場合，上記（注）の別段の定めが適用された認定利息が生じるような貸付事案に該当しないことを確認したか。 **解説**　上記③に該当して別段の定め（所得税法157条（同族会社等の行為又は計算の否認等））が適用された代表的な判例として，最高裁判所第三小法廷（平成16年7月20日判決，平成11年（行ヒ）第169号）（いわゆる『平和事件』）がある。	㊞	㊞

	(2) 貸主（法人），借主（個人）である場合 上記の形態の場合には，貸主である法人には，法人税法22条（各事業年度の所得の金額の計算の通則）2項の規定の解釈から，たとえ，当事者間では無利息貸与の合意があったとしても，税務上は利息の計上が必要とされている。この点につき，下記の事項を確認したか。		
	① 利息の計上の必要性（もし，無利息貸与のままであれば，利息相当額の給与課税が行われる）について確認しているか。また，この点を顧客は理解しているのか。	囲	囲
	② 利息を徴収する又は利息相当額の給与課税を行うとした場合に，当該設定利率は適正に求められているのか。 解説 上記②の利率につき，一般的には評価通達4－4（基準年利率）の定めによることも相当と考えられるが，いわゆる「ひも付融資」である場合には当該融資に係る費用負担以上の設定が求められることに留意する。	囲	囲
相続財産との関係	貸主（個人），借主（法人）である場合には，将来，貸主（個人）に相続が開始した場合には相続開始日における元本価額（利息の約定がある場合には，既経過利息の額を加算する。以下同じ）で評価するのが原則的な取扱いとされる。この点につき，下記の事項を確認したか。		
	① 相続財産の価額は，原則として元本価額となることを確認しているか。また，この点を顧客は理解しているのか。 解説 貸付金債権等の全部又は一部の回収不能を主張してその価額を元本価額より減額できるのは，評価通達205（貸付金債権等の元本価額の範囲）の定めによるものとされており，限定的である。	囲	囲
	② 貸付金債権等につき，将来の相続開始に備えての対策（®貸付金債権等の推定相続人に対する生前贈与）を行うのであれば，その対応ができるのか。	囲	囲

税務以外の対応	(1) 金銭消費貸借契約書は作成されているのか。	印	印
	(2) 下記に掲げる態様の場合には，法人側に取締役会議事録が作成されているのか（会社法上では作成が必要）。 ① 貸主が法人である場合 ② 借主が法人である場合において，利息の約定があるとき	印	印
	(3) 貸主が法人である場合には，貸付金債権等の価額に対応する担保（不動産，上場有価証券等）を徴求しているのか（会社法上では担保の徴求が必要）。	印	印

おわりに

　本書は，月刊「税理」令和6年5月号の特集である「ケース別資産税務に役立つ長期関与先管理術」を基にして，所要の加筆・補正等のうえ，単行本として発刊したものである。

　本書のタイトルに掲げるとおり，資産税務は一般的に関与先との間で長期のお付き合いとなることが多いことが想定される反面で，法人や個人事業者とは異なり，月次関与（毎月，定期的に関与先と常に接触し，情報を収集）とまではいかないものと考えられるところである。

　そうすると，関与先の資産税務に関する長期的な視点に基づく管理が重要になる。これを怠った場合には不測の事態が生じることとなり，最悪の場合には顧問契約の解除や損害賠償の請求等の問題にも発展しかねない。

　そこで，本書は，資産税務における長期管理の特徴とポイントにつき，総論から個別論点（生前贈与（相続時精算課税贈与を含む。），遺産分割が未了の場合，事業承継税制適用時における承継会社の株価推移管理，法人・個人間における土地・金銭の貸借（相続税・贈与税分野）及び土地の交換・買換え等（所得税分野））までの各種ケース別にその固有の論点を確認するとともに，ウッカリ事故の防止のためのチェックリストを設けて，より実務で使いやすいものとなることを念頭に執筆されている。

　本書を利用されることによって，関与先情報の管理漏れが原因となるような資産税のミスが1件でも減少できれば，執筆者の望外の喜びとするところである。

最後になるが，上掲の月刊「税理」令和6年5月号の特集原稿の各パートを執筆なされ，それらの原稿を快くご提供くださいました税理士・前山静夫先生，税理士・小林寛朋先生，税理士・五所祐典先生，税理士・柿沼慶一先生の四諸賢の先生方には，この場を借りて厚く御礼を申し上げる次第です。

　令和6年7月

執筆者代表　笹岡　宏保

◆ 編著者紹介

河合 厚（かわい　あつし）

税理士・税理士法人チェスター所属，元国税職員，税務大学校専門教育部主任教授（資産税担当）等を歴任。

主な著書として，『精選Q&A　相続税・贈与税全書〔相続対策・税務調査編〕』『精選Q&A　相続税・贈与税全書〔相続対策・財産評価編〕』『精選Q&A　相続税・贈与税全書〔相続基本編〕』（清文社，令和４年11月）『生前相続対策［頻出］ケーススタディ（2021年）』（清文社，令和３年12月），『新通達でこう変わる！　マンション節税と相続税シミュレーション』共著（ぎょうせい，令和５年12月）ほか多数

笹岡宏保（ささおか　ひろやす）

税理士，資産税のスペシャリスト，当社から発刊の『財産評価のキーポイント』は第６集を数える。

主な著書として，『令和３年11月改訂 ケーススタディ 相続税財産評価の税務判断』（清文社，令和４年１月）『令和３年７月改訂 詳解 小規模宅地等の課税特例の実務』（清文社，令和３年８月），『新通達でこう変わる！　マンション節税と相続税シミュレーション』共著（ぎょうせい，令和５年12月）ほか多数

資産税専門税理士が実践する
関与先の継続管理術

令和６年９月１日　第１刷発行

編著者　河合 厚　笹岡宏保

発　行　株式会社 **ぎょうせい**

〒136-8575　東京都江東区新木場1-18-11

URL：https://gyosei.jp

フリーコール　0120-953-431

ぎょうせい　お問い合わせ　検索 https://gyosei.jp/inquiry/

〈検印省略〉

印刷　ぎょうせいデジタル株式会社　　　©2024 Printed in Japan

＊乱丁・落丁本は，お取り替えいたします。

ISBN978-4-324-11442-1

（5108964-00-000）

〔略号：資産税管理〕